Carl Voretzsch

Über die Sage von Ogier dem Dänen und die Entstehung der

Chevalerie Ogier

Carl Voretzsch

Über die Sage von Ogier dem Dänen und die Entstehung der Chevalerie Ogier

ISBN/EAN: 9783742812896

Hergestellt in Europa, USA, Kanada, Australien, Japan

Cover: Foto ©Andreas Hilbeck / pixelio.de

Carl Voretzsch

Über die Sage von Ogier dem Dänen und die Entstehung der Chevalerie Ogier

ÜBER DIE SAGE

VON

OGIER DEM DÄNEN

UND DIE ENTSTEHUNG DER

CHEVALERIE OGIER.

––––––––

EIN BEITRAG

ZUR

ENTWICKLUNG DES ALTFRANZÖSISCHEN HELDENEPOS

VON

CARL VORETZSCH.

HALLE a. S.

VERLAG VON MAX NIEMEYER.

1891.

Einleitung.

Eine ‚histoire poétique' Ogiers des Dänen zu schreiben wäre eine interessante und lohnende aufgabe. Nicht nur erfreut sich die sage von Ogier äusserlich einer weiten verbreitung bei völkern romanischer und germanischer zunge, sondern sie hat auch innerlich gar mannigfaltige und merkwürdige wandlungen im laufe der zeit und auf ihren weiten wanderungen erlebt. Ursprünglich dem karolingischen sagenkreis angehörig, ist der held, unter einfluss der Artusromane, zu einem abenteuernden ritter geworden, der im Orient wunderbare taten verrichtet, 300 jahre auf Avalon zubringt und in dieser vermummung nicht nur in gedichten und romanen, sondern selbst in den chroniken des späteren mittelalters zu finden ist. Während die ältesten zeugnisse und denkmäler den ursprung des sagenhelden nach Frankreich weisen, ist er in Dänemark, lediglich auf literarischem wege in den norden verpflanzt, ein nationalheld, und in der gegend von Lüttich, wenn nicht ein nationalheld, so doch sozusagen ein localheld geworden.

Die erste und grundlegende einzelaufgabe der · ganzen untersuchung wäre die, der herkunft und ältesten entwicklung der sage nachzuforschen. Dies ist der dunkelste punkt in der ganzen entwicklungsgeschichte des stoffes, und lediglich dieser frage soll die folgende abhandlung gewidmet sein.

Ueber den ursprung der sage sind sehr viele und sehr verschiedene meinungen geäußert worden. Das wäre nicht zu verwundern für jene zeiten, wo es noch an der näheren bekanntschaft mit den poetischen denkmälern und an der tieferen

1

kenntnis und einsicht in die historischen quellen gebrach. Aber auch jetzt, wo die wichtigsten denkmäler veröffentlicht oder doch hinreichend bekannt sind, wo auch die geschichtliche forschung tiefere einblicke in die beziehung zwischen sage und geschichte gewährt, auch jetzt ist eine einigung über die frage noch nicht erzielt, resp. eine definitive lösung der frage nicht gegeben. Auf solch eine definitive lösung macht auch die folgende untersuchung keinen anspruch. Denn es ist leicht einzusehen, dass man über vieles im unklaren bleiben muss bei einem stoffe, dessen historische grundlage in die zeit Karls des Grossen zurückreicht, dessen erstes zusammenhängendes poetisches denkmal aber — wenn man vom Mönch von St. Gallen absieht — erst aus dem ende des 12. jahrhunderts stammt: durch volle vier jahrhunderte bleibt uns der unmittelbare einblick in die entwicklung von sage und dichtung so gut wie versagt. Indes will ich wenigstens versuchen einen weg zu zeigen, auf dem die entwicklung bis zu dem ältesten uns überlieferten gedichte ohne grosse schwierigkeiten vor sich gegangen sein kann.

Schon hier, in der ‚Chevalerie Ogier‘, tritt der held als Däne auf. Es war hierdurch den Gelehrten nahe gelegt, seinen ursprung in Dänemark zu suchen und eine historische person ausfindig zu machen, die den ausgangspunkt der sage bilden könnte. In dieser richtung haben sich namentlich die untersuchungen der dänischen gelehrten bewegt, und es war kein andrer als der bekannte Christiern Pedersen[1], der mit einem kühnen griff Ogier (Olger) mitten in die dänische königsreihe versetzte, indem er ihn mit Olaf, dem sohn des aus Karls des Grossen zeit bekannten königs Gottrik, identificierte. Die dänischen gelehrten folgten dieser meinung, oder stellten ähnliche hypothesen auf, wie z. b. unter Olger sei Hemming, Olafs sohn zu verstehen.[2] Dagegen vermutete Stephan in seiner

---

1) Christiern Pedersens Danske Skrifter. Udgivet af C. J. Brandt. V, 133. Es sei indes bemerkt, dass schon die Esromer Annalen Ogier zum Sohn König Gottfrieds machen (s. u. Cap. II).

2) Vgl. hierüber die von Bartholin (s. s. 3. anm. 2) s. 8 ff. citierten werke.

ausgabe des Saxo Grammaticus[1], Olger sei irgend ein vornehmer Däne gewesen, der in Karls diensten gegen die Sarracenen gefochten, und namentlich polemisierte Bartholin in seiner ‚Dissertatio'[2] gegen die vertreter der Olaftheorie; freilich ist seine eigene ansicht, Olger sei, bevor er in Karls dienste trat, ein Viking, vielleicht Helge, ein andrer sohn Gottriks gewesen, nicht besser begründet als jene. Pontoppidan in seinem inhaltreichen werke[3] neigt, ohne eine bestimmte entscheidung treffen zu wollen, zu dieser ansicht Bartholins, und noch Dunlop[4] zweifelt nicht an ihrer richtigkeit.

Ungefähr um dieselbe zeit wie Bartholin gelangte von anderem ausgangspunkt aus der gelehrte Mabillon[5] zu ganz anderen resultaten. Ohne die Ch. O. zu kennen, geriet er, mit dem im Kloster Meaux begrabnen ‚Othgerius miles', beschäftigt, auf den historischen Autcharius, der zu Karls d. Gr. zeit eine rolle spielte. Doch unterschied er in den quellen zwei personen dieses namens: den zum jahre 760 in der Vita Stephani erwähnten gesandten Pipins und den in der Vita Hadriani und beim Mönch von St. Gallen genannten Autcharius, der in den Langobardenkrieg verwickelt war: in diesem fand er den Faronischen Othgerius, in jenem den bei Metellus genannten stifter von Tegernsee, Occarius, wider, wobei er die möglichkeit andeutete, dass beide eine und dieselbe person sein könnten. Hiermit war für die geschichte auch unseres Ogier ein wichtiger hinweis gegeben, den auch jene gelehrten nicht leicht ignorieren konnten, welche die herkunft des helden anderwärts suchten. Diejenigen aber, welche wirklich den fränkischen

1) Notae uberiores in libr. IX, p. 168.
2) Th. Bartholini filii de Holgero Dano qui Caroli Magni tempore floruit, dissertatio historica. Hafniae 1677.
3) Er. Pontoppidanus, Gesta et vestigia Danorum extra Daniam. 1740. I, 26 ff. 113 ff. 171 ff. 336 ff., II, 355 ff., bes. I, 172. 328.
4) John Dunlop's Geschichte der Prosadichtungen. Aus dem Engl. von Felix Liebrecht. Berlin 1851. s. 139.
5) Acta Sanctorum ordinis Sti. Benedicti. saec. IV, teil 1. 1677. s. 656—62. Vgl. auch Annales ord. S. Benedicti II. 1704. s. 376 f.

Autcharius für die hauptsächlichste grundlage des sagenhelden ansahen, waren eine erklärung schuldig, wie denn der zuname ‚Däne' dann entstanden sei. Leibnitz[1], und mit ihm Eckhart und Scheidt,[2] versuchte es auf etymologischem wege: Otger sei ein ‚dëgen, daheno' gewesen, woraus durch missverständniss ‚Dagus, Dacus = Danus'[3] geworden; im übrigen erklärt er den Othger von Meaux für identisch mit dem stifter von Tegernsee. Dieser meinung schliesst sich auch der dänische geschichtsforscher Suhm[4] an, auf den sich wiederum Nyerup[5] beruft. In seiner einleitung zu Philipp Mouskets Reimchronik hat Reiffenberg[6] die historischen zeugnisse über Autcharius gesammelt; er bezog sie sämtlich auf eine und dieselbe historische person und sah diese als vorbild des auch bei Mousket häufig auftretenden Ogier der dichtung an. Während er sich über die bezeichnung ‚Däne' nicht näher aussprach, brachte Paulin Paris[7] dieselbe mit dem mlat. dacia = steuer, tribut in zusammenhang und sah in ihm einen ‚sponsor daciae' oder ‚fideijussor' mit bezug auf seine eingangs der Ch. O. erwähnte geiselschaft. Gaston Paris[8] legt in seiner Histoire poétique, ohne eine bestimmte ansicht zu äussern, das gewicht doch auf den historischen Autcharius und meint neuerdings, er sei ursprünglich

---

1) Leibnitz, Annales Imperii occidentalis Brunsvicenses, hgg. v. Pertz. 1843. s. 81—85.

2) Origines Guelphicae I, 44. — Eckhart, Commentarius de rebus Franciae orientalis et episcopatus Wirceburgensis. Würzburg 1729. I, 632 f.

3) Ueber den mittelalterlichen gebrauch von Dacus == Danus s. Rothe, Om Holger Danske s. 34, anm. 3. — J. Grimm, Reinhart Fuchs. Berlin 1834. s. LXXXVIII f.

4) Friedrich Suhm, Critiske Historie af Danmark III. 592.

5) Rasmus Nyerup, Almindelig Morskabslæsning. Kjobenhavn 1816. s. 99 ff.

6) Chronique rimée de Philippe Mouskes, p. p. le baron de Reiffenberg. II. Band. Brüssel 1838. s. CCVIII ff. — Vgl. auch Nouvelles archives historiques des Paysbas VI, 26—30. (1832).

7) Histoire littéraire XX, 688 ff. — Bibliothèque de l'Éc. d. Ch. III, 521—38.

8) Histoire poétique de Charlemagne. Paris 1875. s. 306 ff. 330 ff.

markgraf der dänischen mark gewesen.[1] Ebenso hält Gautier[2] den helden für historisch, setzt sich aber mit dem ‚Otgerus Danus' der Kölner Chronik nicht auseinander.

Hiermit ist jedoch die charakteristik der verschiedenen ansichten noch nicht erschöpft. Nachdem es den vertretern von der nordischen herkunft Ogiers nicht gelungen, einen historischen helden ausfindig zu machen, erklärte man das ganze oder wenigstens einzelne teile für eine nordische sagenbildung, welche durch die Normannen nach Frankreich gebracht worden wäre. Schon Syv[3] hatte auf eine ähnlichkeit der Olgersage mit der nordischen erzählung von Stærkoddr hingewiesen. Price[4] dachte an Helge Hundingsbane, Brynjulfsson[5] an Orvarodd. Noch andere gelehrte schlossen sich solchen meinungen an.[6] Da jedoch die historischen beziehungen nicht hinwegzuläugnen waren, so erklärte Du Méril[7] dieselben für spätere accessorien und auch Grundtvig[8] möchte an der nordisch-mythischen grundlage festhalten, an die sich dann einige geschichtliche, und zwar verschiedenen personen entlehnte züge angeschlossen hätten.

Auch die deutsche sage wurde, wenn auch nur vorübergehend, herangezogen. So dachte J. Grimm[9] an Otacher. Mone[10] glaubte den helden in Hug von Mainz wiederzuerkennen, der im anhang zum heldenbuch erwähnt wird und anderwärts (Ecken Ausfahrt) auch Haug von Denemarcke heifst.

---

1) Romania XIII, 616, note 3.

2) Les épopées françaises. III[2] 1880. s. 53 ff.

3) Vgl. Nyerup, Alm. Morsk. s. 105 f.

4) Price. Warton's History of English Poetry. 1824. I, s. XV, anm. b.

5) Annaler for nordisk Oldkyndighed og Historie. 1851. s. 127 f.

6) So Keightley, Tales and popular fictions, s. 279 f. — De la Rue, Essais historiques sur les bardes etc. I, 137 (1834). — Brandt, Pedersens Skrifter V, 532.

7) Histoire de la poésie Scandinave. 1839. s. 376—88.

8) Danmarks gamle Folkeviser. 1853 ff. I, 387 ff.

9) Deutsche Mythologie. 1835. s. 913, [1]s. 803.

10) Mones Anzeiger f. Kunde der deutschen Vorzeit. 1836. s. 63.

In ganz andrer richtung suchte Barrois, der herausgeber
der Ch. O.,[1] den ursprung des Dänen. Er zweifelte nicht an
der historischen existenz desselben, hielt aber den Ardennerwald
für seine eigentliche heimat, wonach er ‚Ogier l'Ardennois'
geheifsen; daneben habe ihn Turpin wegen seiner beziehungen
zu Ungarn — in Adenets gedicht — ‚dux Daciae' genannt:
durch missverständliche auffassung von ‚Dacia' = ‚Dänemark'
und durch entstellung von ‚l'Ardennois' sei er zu ‚Ogier li
Danois' geworden — eine theorie, die mehrfach[2] zustimmung
und in L. A. Rothe[3] einen eifrigen fürsprech gefunden hat.

Inzwischen hatte der glaube an die dänische herkunft des
historischen Ogier durch die auffindung und veröffentlichung
der kleinen Chronik des Schottenkloster Gross St. Martin zu
Köln eine neue stütze gefunden[4], wo zum jahre 778 die wieder-
herstellung des von den Sachsen zerstörten klosters durch den
Dänen Olger berichtet wurde. Dahlmann[5] stand nicht an,
die nachricht für zuverlässig zu halten, Thorsen[6] schrieb eine
ausführliche untersuchung, um das alter und die glaubwürdigkeit der quelle darzutun, und auch Steenstrup[7] betrachtet
die notiz als das einzige sichere zeugnis von Holger Danske.

Doch auch jetzt noch blieb die schwierigkeit, die widersprechenden nachrichten über Otgers herkunft in den historischen quellen oder denen, die man für solche hielt, zu ver-

---

1) Barrois, La Chevalerie Ogier de Danemarche (Romans des douze
Pairs no. VIII. IX). Paris 1842. s. I ff. — Éléments carlovingiens linguistiques et littéraires. Paris 1846. s. 255 ff.

2) Huber, Neue Jenaische Allgem. Literaturzeitung. 1844. s. 384.
— Herrig und Burguy, Herrigs Archiv XIX, 269. — H. L. D. Ward, Cata-
logue of Romances in the department of manuscripts in the british Museum.
I. 1883. s. 605 f.

3) Om Holger Danske. Undersogelser af L. A. Rothe (Indbydel-
sesskrift). Kjøbenhavn 1847.

4) Hgg. von Pertz, 1829. Mon. Germ. SS. II, 214.

5) Dahlmann, Geschichte Dänemarks. 1840. I, 30 anm.

6) S. Oversigt over det kgl. danske Videnskabernes Selskabs Forhandlinger og dets Medlemmers Arbeider i Aaret 1865. s. 165 ff.

7) Joh. Steenstrup, Normannerne. II. B. 1878. s. 27.

einen. So kam man dazu, Ogier als ein mischprodukt aus verschiedenen historischen persönlichkeiten aufzufassen. Schon früher hatte Mone[1] diesen ausweg gefunden: er liess Ogier aus dem Franken Autcharius, dem Dänen Horich und dem unter Ludwig dem Frommen lebenden erzbischof Othgari von Mainz entstehn. Molbech[2] hinwiderum hatte als sagenbildende elemente den fränkisch-bairischen Otkar, den König Gottfried von Dänemark und den erzbischof Othgari angenommen. Nun stellte Storm[3] mit berücksichtigung der kölnischen Chronik die ansicht auf, welche auch von Nyrop[4] accepiert wurde und heute wohl als die verbreitetste bezeichnet werden darf: der Ogier der dichtung sei eine mischung aus dem Franken Autcharius, dem Baiern Otkar und einem dänischem Jarl Olgerus. Schliesslich ist hier noch Rajna[5] zu erwähnen, welcher eine mischung aus historischen (einer oder mehreren historischen personen) und mythischen elementen (dem eddischen Œgir) vermutet.

Man sieht, eine bunte reihe von theoricen und vermutungen hat sich hier zusammengefunden, wobei noch manches bei seite gelassen worden, das hier und da über dieselbe frage geäussert worden ist[6], da es mir nur darauf ankommen konnte, die verschiedenen richtungen zu charakterisieren, in denen sich die forschung bewegt hat. Eine critik der gegebenen ansichten würde zu weit führen und auch insofern überflüssig sein, als

---

1) Uebersicht der niederl. Volksliteratur älterer zeit. Tuebingen 1838. s. 41 f.

2) Molbechs vorrede zu: Olger Danskes Krønnike. Efter de ældste Udgaver bearbejdet af Nis Hansen. Kjøbenhavn 1842.

3) Gustav Storm, Sagnkredsene om Karl den Store og Didrik of Bern hos de nordiske folk. Kristiania 1874. s. 47 ff.

4) Kristof Nyrop, Den oldfranske Heltedigtning. Kjøbenhavn 1883. — Ins Italien. übers. von Eg. Gorra. Turin 1888. s. 165.

5) Le Origini dell' epopea francese. Firenze 1884. s. 441 f.

6) Es war mir überhaupt nicht möglich, aller schriften habhaft zu werden, in denen von Ogiers herkunft die rede ist. So habe ich erst aus zweiter hand, was oben von Stephan, Suhm, Syv und Keightley gesagt ist. Gänzlich unbekannt blieben mir die ‚Recherches sur le personnage d'Ogier' (Paris 1842) von Paulin Paris.

in der hauptsache die folgende untersuchung selbst für sich sprechen muss. Nur kurz will ich daher andeuten, weshalb ich diese und jene ansicht im folgenden nicht weiter berücksichtige.

Am ehesten darf ich wohl absehen von den versuchen, den beinamen des Dänen durch ein sprachliches missverständniss zu erklären, da solche annahmen eine innere wahrscheinlichkeit nicht haben und heutzutage wohl nur noch vereinzelte anhänger zählen dürften.

Ebensowenig können die parallelen aus der deutschen sage und aus dem nordischen mythus berücksichtigung finden. Wenn auch in der theorie die möglichkeit gar nicht ausgeschlossen ist, dass die Normannen diesen oder jenen sagenstoff aus ihrer nordischen heimat mit nach Frankreich gebracht hätten, so kann doch in diesem falle weder eine ungefähre namensähnlichkeit, wie Helge — Olger, Œgir[1] — Ogier, noch die vage sachliche übereinstimmung einzelner züge etwas beweisen, wie z. B. gerade Ogiers beziehung zum feenreiche, die ihm mit Orvarodd gemeinsam ist, erst den späteren texten, der Alexandrinerversion und dem prosaroman eigen und somit der eigentlichen sage fremd ist. Auf ähnliche weise erledigt sich auch anderes, wie z. B. die beziehungen Ogiers zu Mainz: diese gehören erst späterer zeit an, wo man Ogiers vater zu einem sohne Doons von Mainz machte, um ihn an die geste der verräter anzuknüpfen.

Gegen die mischungstheorieen wäre im allgemeinen zunächst nichts einzuwenden, nur wäre darauf hinzuweisen, dass von einer mischung dreier vollständig gleicher factoren kaum die rede sein könnte, sondern notwendig einer unter ihnen die eigentliche grundlage, die anderen aber mehr oder minder accessorien sein müssten. Aber abgesehen von diesen allge-

---

1) Hierzu macht mich Prof. Sievers auf den aufsatz von K. Gíslason, Aarböger for nord. Oldkynd. 1876, s. 313 ff. aufmerksam, wonach die richtige namensform des nordischen gottes ‚Ægir' lautet, die sich also von ‚Ogier' noch weiter entfernt.

meinen erwägungen, kann ich doch in diesem falle die gemachten aufstellungen nicht gelten lassen: zu dem Baiern Otkar besteht allerdings eine beziehung, aber andrer art als gewöhnlich angenommen wird; ein Däne Otger oder Olger ist aus jener zeit nirgends überliefert — ausser in der kölnischen Chronik, und was es mit dieser für eine bewandtnis hat, wird noch des näheren erörtert werden.

Die mannigfaltigkeit und unsicherheit der forschungsresultate veranlasste J. Pio[1], überhaupt alle beziehung des helden zur geschichte und sage zu läugnen, er erklärte rundweg: ‚en Sagen efter et almindeligt, dødeligt Menneske, der skulde paatage sig Ansvaret for blot nogle af disse fabelagtige Bedrifter, bliver ligesaa unyttigt som f. Ex. at søge efter virkelige Begivenheder i Fortællingen om Herkules' tolv Arbejder.' Das heisst nun freilich das kind mit dem bade ausschütten. Denn es lässt sich in der tat hier eine quelle der sage, deutlicher als beim Herakles, nachweisen, wenn man nur sich an das nächstliegende hält: um die quelle der sage zu finden, dürfen wir nicht dort forschen, wohin die dichtung — allzuhäufig nur willkürlich — ihren helden versetzt oder woher sie ihn entstammen lässt, sondern wir müssen da suchen, wo die ersten denkmäler der sage und dichtung von diesem helden auftauchen, d. h. in diesem falle im Frankenreich. Hier haben wir die reichste entwicklung der sage, hier die ältesten zeugnisse und denkmäler der dichtung, hier ist ihre eigentliche heimat. Und alle diese nachrichten widerum weisen zeitlich mit aller bestimmtheit und in vollster übereinstimmung auf die epoche Karls des Grossen.

Hier ist zweifellos die wurzel des altfranzösischen epos von den taten Ogiers zu suchen. Dabei dürfen wir uns aber nicht verleiten lassen, eine blosse namensähnlichkeit zur grundlage unserer untersuchung zu machen, sondern als ausschlag-

1) Sagnet om Holger Danske, dets Udbredelse og Forhold til Mythologien. Kjobenhavn 1869. s. 9.

gebendes moment muss die inhaltliche berührung betrachtet werden. Und hierfür finden sich tatsächlich aus jener zeit entsprechende nachrichten, wie denn schon mehrfach auf Aut- charius hingewiesen worden ist.

Es kann nun nicht unsere aufgabe sein, die geschichte in übereinstimmung mit der sage und dichtung zu bringen, sondern umgekehrt. unabhängig von letzterer, zunächst lediglich zu constatieren, wieviel und was die geschichte an ähnlichen personen und vorgängen bietet. Mehr, als in der geschichte sich findet, darf auf deren rechnung nicht gesetzt werden; was darüber hinausgeht, ist zusatz oder product der sage, resp. der dichtung, mag sie nun aus anderen quellen oder aus freier erfindung schöpfen.

Von hier, vom rein geschichtlichen aus, ist nun die brücke hinüberzuschlagen zu der dichtung, wie sie uns bereits in sehr vorgeschrittner entwicklung entgegentritt in der ‚Chevalerie Ogier.‘ Wir müssen die mittelglieder zu finden suchen, welche geschichte und epos miteinander verknüpfen, und hierzu sind uns mancherlei mittel an die hand gegeben. Zunächst lässt unsere dichtung selbst erkennen, dass sie nicht aus éinem guss, nicht das product éines dichters und éiner zeit ist: schon von da aus wird es uns möglich, ältere stufen der dichtung zu erschliessen. Bei diesem wiederaufbau sind uns weiter alle die- jenigen gedichte und bearbeitungen der sage von wert, welche sich nicht direkt auf die überlieferte Ch. O. zurückführen lassen, sondern parallele oder ältere französische gedichte voraussetzen. So lassen sich die skandinavischen und italienischen überliefe- rungen heranziehen. Hingegen fallen die späteren französischen bearbeitungen, die sich alle mehr oder weniger eng an die Ch. O. anschliessen — wie Adenets gedicht, die Alexandrinerversion, die bearbeitungen von David Aubert u. a. — aus dem rahmen der betrachtung heraus; desgleichen die niederländischen tradi- tionen, welche schon jenen jüngeren französischen bearbeitungen folgen, und schliesslich auch die spanischen Romanzen vom ‚Marques de Mantua‘. die bereits eine zu sehr getrübte über- lieferung darstellen, um für die erschliessung der alten sage

mit verwendet werden zu können.[1] Ferner können hie und
da auch andere altfranzösische epen aufschluss gewähren, in
denen Ogier auftritt oder erwähnt wird. Freilich aber nur in
beschränktem masse, denn einen traditionellen wert können
diese zahlreichen erwähnungen und anspielungen kaum beanspruchen: meist haben sie zur grundlage oder voraussetzung
nur die allgemeine popularität des gefeierten helden und bear-
beiten diesen für ihre zwecke in freier weise, wie denn Ogier
in der schlacht von Roncesval — die in der Ch. O. keinen
platz findet und der Ogier von haus aus fernsteht — bei Turpin,
im Rolandslied und bei Philippe Mousket ganz verschiedene
rollen spielt. Die meisten dieser berichte gehören also einer
späteren, sozusagen literarischen sagenbildung an und haben
mit der ältesten entwicklung der sage nichts zu tun. Mehr
lässt sich für unseren zweck aus den zeugnissen gewinnen,
welche uns chronisten und dichter über die beliebtheit des
helden, über verherrlichung desselben im liede darbieten. Hierher gehört auch die bekannte stelle bei dem Mönch von St.
Gallen, die für die geschichte der sage von grosser wichtigkeit ist.

Auf diesem wege wird es möglich werden, die historische
grundlage festzustellen, zu zeigen, welche bestandteile die sage
aus der geschichte geschöpft, wie sie dieselben verwertet, erweitert und ausgeschmückt und schliesslich durch freie erfindung
und übertragung fremder motive zu jenem reichen stoffe entwickelt hat, der uns in der Chevalerie Ogier vorliegt.

---

1) Die spanischen romanzen vermischen Ogiers sohn Balduin mit
dem gleichnamigen bruder Rolands (F. Wolf in Primavera y flor de romances, publicada por Don Fernando f. Wolf y Don Conrado Hoffmann. Berlin
1856. II, 217) und gehn, wie G. Paris vermutet (Hist. poét. s. 210, anm. 2),
auf eine italienische quelle zurück.

Der historische Autcharius.

Was uns in den hiehergehörigen älteren geschichtsquellen über personen des namens Autcharius, Ogerius etc. zur zeit Karls d. Gr. überliefert ist, besteht in folgendem:

1. Zum jahre 752, Autgarius, gehört zu den vornehmen, die bei einem rechtsstreit zwischen abt Fulrad und Gislemarus anwesend sind. Diploma Pippini vom jahr 752[1]: ... *Proinde nos una cum Proceribus vel fidelibus nostris, i. e. Milone, Rotgario, Helmengaudo, Chrothardo, Charichardo, Autgario, et Wicbert Comite Palatii nostri vel reliquis quam pluribus visi fuimus judicasse ...*

2. Z. j. 753, Autcharius gesandter Pipins an den papst:

a) Vita Stephani II[2]: Papst Stephan wird von den Langobarden bedrängt und erwartet von den Franken hilfe: ... *extemplo et Missi jamfati Pipini Regis Francorum conjunxerunt, is est Rodigangus Episcopus, Autcharius Dux, quatenus praedictum sanctissimum Papam (juxta quod petendo miserat) ad suum in Franciam deducerent ... Itaque unus ex eisdem Francorum Missis, scilicet Autcharius Dux, quantocius praecedens Ticino eum praestolatus est ...*

b) Alberich von Trois-Fontaines[3] (gegen mitte des 13. jhs.), dasselbe z. j. 752: *Qui Pipinus misit Chrodegangum, sororis sue filium, prius abbatem, post Mettensem episcopum, et Auc-*

---

1) Böhmer, Regesta Imperii, I. Band, neu hgg. von Mühlbacher, no. 63. — Bouquet, Récueil des historiens des Gaules et de la France V, 697.

2) Bouquet, V, 435.

3) Pertz, Monumenta Germaniae. Scriptores, XXIII, 708 f.

tarium ducem, qui in cantilena vocatur Lotharius superbus,[1] *ut papam adducerent in Franciam.*

3. Im jahre 760 Autcharius unterhändler zwischen papst und Desiderius. Brief des papstes Paul I. an Pipin[2]: *Innotescimus siquidem praecelsae Christianitati vestrae, quod nuper dum ad nos conjunxissent fidelissimi vestri, scilicet a Deo amabilis Remedius vester (germanus) atque Autcharius gloriosissimus dux, constitit inter eos et Desiderium Langobardorum Regem, ut ... restituisset.*

4. I. j. 771 Audegarius, vasall Karlmanns, urkundlich erwähnt:

a) Urkunde Karlmanns v. Dec. 771[3]: *... Idcirco cedimus atque donamus pro animae nostrae remedium vel pro genitore nostro quondam Pippino, ad Monasterium sancti Dionysii Martyris ... villas, quod ipse genitor noster per manus nostras ad ipsa casa Dei dudum delegaverat, nuncupantes Fabcrolas, qui ponitur in pago Madriacense, et Noronte in pago Carnolino ... ad ipso Monasterio vel Monachis ibidem degentibus, seu ad luminaria ipsius Ecclesiae procurandum vel stipendia pauperum, ut praedictas villas proficere debeant in augmentum, sicut a vasso nostro Audegario possessas fuerunt ...*

b) Urkunde Karls v. Dec. 774[4]: Bestätigung der vorigen schenkung.

5. Autcharius (Otgarius, Oggerius) gegner Karls im Langobardenkriege 773/74:

a) Vita Hadriani I. Papae[5]: 772 mit Karlmanns wittwe nach Italien: *... In ipsis vero diebus contigit uxorem et filios quondam Carlomanni Regis Francorum ad eumdem Regem Langobardorum fugam arripuisse cum Autchario.* — Mit Desiderius gegen Rom: *Desiderius ... cum pertinacia et audacia egressus a suo Palatio cum Adalgiso proprio filio et exercitu*

1) Hierüber vgl. unten cap. II und cap. VIII, no. 5.
2) Bouquet, V, 522.
3) Mühlbacher, no. 125. — Bouquet, V, 721.
4) Mühlbacher, no. 171. — Bouquet, V, 726.
5) Bouquet, V, 459.

Langobardorum, deferens secum et uxorem et filios saepe dicti quondam Carolomanni, nec non et Autcharium, qui ad eum, ut d. c., fugam arripuerat, hic Romam properare nitebatur. — 773 mit Adalgis nach Verona: *Adalgisus vero ejus filius assumens secum Autcharium Francum, et uxorem atque filios saepedicti Carolomanni, in civitatem quae Verona nuncupatur ... ingressus est.* — Uebergabe von Verona: *Et dum* (Karl nämlich) *illuc* (nach Verona) *conjunxisset, protinus Autcharius, et uxor atque filii sapius nominati Carolomanni propria voluntate eidem benignissimo Carolo Regi se tradiderunt: eosque recipiens ejus Excellentia denuo repedavit Papiam.*

b) Chronik von Moissac.[1] 773 an der schlacht bei den Klausen beteiligt: *Misit autem* (nämlich Karl) *pro difficilem ascensum montis legionem ex probatissimis pugnatoribus, qui (per) transcensum montis Langobardos cum Desiderio rege eorum et Oggerio in fugam converterunt.* — Nach der einnahme von Pavia 774: *... trusoque in exilium Desiderio rege et Oggerio et uxore et filia ... in Francia reversus est.*

c) Laubacher annalen.[2] 771 mit Karlmanns wittwe nach Italien: *... uxor ejus cum duobus filiis et Otgario marchione ad Desiderium regem, patrem suum, confugit.*

d) Sigebert von Gembloux.[3] 771 Flucht: *Uxor ejus* (i. e. Karlomanni) *cum filiis et Authario Franco ad Desiderium regem Italiae confugit.* — 774 einnahme von Verona: *Rex Carolus diviso exercitu multas urbes ultra Padum comprehendit: inter quas Veronam capit, in qua Autharius Francus cum uxore Karlomanni et filiis ejus latens se cum eis Regi dedit.*

e) Pauli continuatio tertia[4]: *Adelgiso vero rex, Desiderii filius, sumens secum Autcharium Francum et uxorem ac filios Karolimanni, Veronam civitatem intravit, ubi se communivit. Erat enim fortissima et inexpugnabilis pre omnibus civitatibus*

1) Pertz, SS. I, 295. XIII, 29. — Bouquet, V, 69 f.
2) Pertz, SS. II, 195. XIII, 224.
3) Pertz, SS. VI, 334. — Bouquet, V, 376.
4) Scriptores Langobardorum. s. 218.

Lombardie. — ... ipse rex Karolus cum aliqua parte sui exercitus concito cursu venit Veronam. Et dum eam obsideret, uxor et filii condam regis Karoli (lies: Karlomanni) *similiter cum Autchario, tutore suo, regi Karolo civitatem tradiderunt, et ad eum exeuntes benigne recepti sunt ...*

6. Otkarius, lehnsmann Karls, urkundlich erwähnt. Schenkungsurkunde vom 13. Nov. 779 an das kloster Fulda[1]: *... donatumque in perpetuum esse volumus, quasdam Res proprietatis nostrae, hoc est in Pago Vuormacense, quicquid Fidelis noster Otkarius per Nostrum Beneficium visus est habuisse, hoc est:* werden besitztümer in Mainz, Lubringowa a. Rh., Nuwenheim, Guntzinhain und eine wiese a. d. Nahe aufgezählt.

7. Othgerius miles, tritt in das kloster St. Faro zu Meaux ein.

a) Das grabmal Ogiers zu Meaux, welches heute nicht mehr vorhanden ist, von dem aber Mabillon eine abbildung überliefert hat.[2] Es stellt zwei figuren, Otger und Benedikt, auf einem katafalk liegend, dar, auf der vorderfläche desselben ist der eintritt ins kloster abgebildet, wie er in der ‚Conversio' beschrieben wird. Im vordergrunde rechts und links je drei säulen, an deren jeder je eine figur, im ganzen vier männliche und zwei weibliche, angebracht ist. Das denkmal wird von Mabillon und P. Paris in das 9. oder 10., von Gautier jedoch erst ins 11. bis 12. jahrhundert gesetzt.[3]

b) Die ‚Conversio Othgerii militis et Benedicti',[4] anfang des 10. jahrhunderts verfasst.[5] Er heifst hier: *vir illustris generositatis et adeo strenuus in proeliis, ut propter frequen-*

---

1) Mühlbacher, no. 218.
2) Acta SS. ord. St. Benedicti. saec. IV, pars I, 664. — Annales ord. St. Benedicti II, 376.
3) Mabillon, a. a. o. — P. Paris, Bibl. Éc. Ch. III, 555. — Gautier, Roland (1880) s. 330.
4) Acta SS. ord. St. Ben. IV, pars I, 662. — Ein stück davon bei Bouquet V, 468.
5) Mabillon giebt an, eine hs. des 10. jhs. benutzt zu haben. Die erhaltenen hss. gehören in das 11. jh.

*tem ac victoriosam adversariorum debellationem speciali tunc
temporis cognomine solus inter proeliatores et etiam ab ipsis
proeliatoribus proeliator fortis et pugnator appellaretur* ...
und weiter: *vir generosa nobilitate clarissimus Deoque per-
mittente in proelium exercitatione victoriosissimus et ideo tempore gloriosissimi Imperatoris, Magni videlicet Karoli, inter
Francorum Principes gloria et honore adeo sublimatus, ut
post ipsum in regni imperio et dominatu existeret secundus.*
Es wird von ihm erzählt, wie er der welt entsagt, das Farokloster als das frömmste Benedictinerkloster erprobt, Karls
erlaubnis zum eintritt ins kloster einholt, seinen alten genossen
Benedict gleichfalls zum eintritt bewegt, dem kloster von Karl
die abteien Reda (Rez) und Vercellae verschafft und das ende
seines lebens mit gebet und bufse zubringt.

c) Epitaph des Fulcoïus auf Otger,[1] aus der zweiten hälfte
des 11. jahrhunderts. Enthält eine lobpreisung Otgers in disti-
chen, mit deutlichem bezug auf die 'Conversio' und das grab-
denkmal.

Wenn man diese zeugnisse übersieht, so ergiebt sich
sogleich zweierlei. Erstens: es ist nicht möglich, dass alle
diese zeugnisse, trotz der übereinstimmung im namen, sich
auf eine und dieselbe person beziehen, und daher nicht gestattet, daraus eine 'geschichte' des Autcharius zusammenzu-
stellen, wie es z. b. P. Paris[2] und Gautier[3], teils unter weg-
lassung einiger hier gegebenen, teils unter heranziehung noch
andrer, ferner liegender zeugnisse, getan. Bei der grofsen
zahl dieser erwähnungen ist es von vornherein unwahrschein-
lich, dass nicht mehrere personen dieses namens existiert haben
sollten. Hierzu kommt aber in diesem falle die schwierigkeit,
die verschiedenen angaben überhaupt zu vereinigen: die güter
des einen liegen im osten, im Wormser gau, die des anderen
im westen, in den gauen von Madrie und Chartres; der eine

1) Mabillon, a. a. o. s. 604.
2) Bibl. Éc. Ch. III, 521 ff.
3) Épop. fr. III², 53 ff.

ist 774 Karls erbittertster feind, der andere 779 sein ̗fidelis Otkarius'; einer scheint 771 schon tot, während ein andrer im Langobardenkriege eine rolle spielt.

Zweitens aber ergiebt sich ohne weiteres, dass der unter No. 5 genannte Autcharius[1] der held unseres gedichts ist: die flucht vor Karl zu Desiderius, der kampf mit letzterem zusammen gegen Karl, flucht und niederlage — kurz, der ganze Langobardenkrieg kehrt hier wider. Es kann also nur noch darauf ankommen zu untersuchen, ob wir berechtigt sind, diesen Autcharius mit dem oder jenem Autcharius der übrigen zeugnisse für identisch zu halten und daraus beiträge zu seiner geschichte zu entnehmen.

Daran braucht man wohl nicht zu zweifeln, dass die beiden z. j. 753 (no. 2) und 760 (no. 3) genannten unter einander eine und dieselbe person sind: beide leben unter Pipin, beide vertreten in dessen auftrage die interessen des heiligen stuhles gegen den Langobardenkönig, beide werden übereinstimmend als ̗dux' bezeichnet.

Hier erhebt sich nun gleich die frage, ob dieser Pipinische Autcharius der Autcharius des Langobardenkrieges ist. Zwischen 753 und 774 liegen nur 21 jahre: der zeitunterschied bietet also ernste schwierigkeiten nicht. Aber man muss sich doch hüten, die beiden allzu rasch zusammenzuwerfen, wenn man für ihre identität keinen anderen beweis als die congruenz der namen hat. Ja, manches spricht sogar eher dagegen: während der Autcharius von 774 überall nur mit seinem einfachen namen genannt wird, wird der Pipinische Autcharius beidemal ausdrücklich als ̗dux' bezeichnet; der ältere Autcharius schützt den papst gegen die ansprüche und belästigungen des Desiderius, der jüngere zieht in gemeinschaft mit diesem gegen den papst zu felde, und wenn die beiden identisch waren, hätte wohl vermutlich der biograph Hadrians ein wort des

---

1) Bzgl. der namensform ist zu bemerken, dass die römischen quellen ihn mit älterem, latinisierten namen (Autcharius), die fränkischen ihn mehr der volkssprache folgend (Otgarius, Oggerius, beim Mönch von St. Gallen Otkerus, var. Oggerus) bezeichnen.

2

missfallens über einen mann geäufsert, der seine frühere stellung zum päpstlichen stuhl soweit vergessen konnte, dass er mit dessen feind selbst mit vor Rom zog. Es ist also nicht zu beweisen, und nicht einmal wahrscheinlich, dass der Pipinische und der Carolinische Autcharius dieselbe person seien.

Die übrigen urkunden sind fast alle mehr oder weniger belanglos. insofern sie wichtigere ereignisse nicht enthalten und aufserdem ihre beziehungen zu unserem Autcharius sehr unsicher sind. Wenn man den Autcharius von 752 (no. 1) unterbringen will, so liegt natürlich der Pipinische A. am nächsten, und es ist recht wohl möglich, dass er mit diesem identisch ist.

Wenn in der urkunde Karlmanns von 774 güter seines vasallen Audegarius an das kloster verschenkt werden, so kann man daraus nur schliefsen, dass diese güter erledigt waren, also Audegarius zu jener zeit vermutlich schon tot war und den Autcharius von 774 nichts angeht. Aus dem umstande aber, dass die urkunde nur kurz vor Karlmanns tod ausgestellt ist — December 771, am 4. Dec. aber starb Karlmann — hat Paulin Paris[1] weitgehende schlüsse gezogen: ‚Il (Karlmann) avait donc chargé le vassal Ogier de protéger la fuite de la reine: car enfin, si le duc ou marquis Ogier n'eût pas reconnu avant la mort du roi la nécessité de quitter la France, Carloman ne l'eût pas dessaisi des bénéfices dont il avait auparavant récompensé son mérite.‘ Diese auffassung geht ohne weiteres von der voraussetzung der identität beider personen aus und ist nur durch die annahme einer reihe von unbewiesenen tatsachen möglich. Zudem spricht der wortlaut der urkunde selbst gegen diese hypothese: bereits Pipin hatte die besagten besitzungen für das kloster bestimmt, und somit wird die ganze motivierung des Karlmannschen schenkungsactes hinfällig.

Ein ganz andrer mann ist der wormsische Otkar (no. 6). Darauf weist schon die ganz andere lage seiner besitzungen und wohl auch die germanische, nicht romanisierte namensform. Keinesfalls hat er mit unserem Autcharius etwas zu tun,

---

1) Bibl. Éc. Ch. III, 523.

da die bezeichnung ‚Fidelis noster O.‘ auf den empörer von 773 nicht passt.

Ergeben somit unsere zeugnisse für die weiteren erlebnisse unseres Autcharius nichts ersprießliches, so finden sich doch anderwärts einige andeutungen, die auf seine beziehungen zu Karl einiges licht werfen. Die Lorscher Annalen und Einhart in seiner Vita Karoli Magni nennen zwar A. nicht, die ersteren[1] sagen in der oben besprochenen angelegenheit nur, Karlmanns wittwe sei ‚cum aliquibus paucis Francis‘ (die sog. Annalen Einharts: cum parte optimatum) nach Italien geflohen, die Vita[2] sagt, es seien ex optimatum eius (Karlmanns) numero primores‘ mit ihr gewesen. Aber beide erwähnen ein anderes interessantes factum: die grofsen Karlmanns hätten diesen gegen Karl einzunehmen gesucht, ‚procerum suorum pravo consilio‘ habe Karlmann Karls zug gegen Aquitanien nicht unterstützt (Lorscher Annalen), und Einhart spricht von den ‚multis … societatem separare molientibus.‘ Dass unter diesen Autcharius zu suchen ist, kann nicht bezweifelt werden. Gleich nach Karlmanns tode erkannte der gröfsere teil der grofsen Karl als könig an, diejenigen aber, die von Karl nichts gutes zu erwarten hatten oder die rechtsansprüche von Karlmanns beiden söhnchen wahren wollten, gingen mit der königinwittwe zum Langobardenkönig.

Bislang habe ich von einer gruppe von zeugnissen noch nicht gesprochen, nämlich von jenen über den Othgerius vom kloster St. Faro zu Meaux.[3] Ich habe diese zeugnisse hier mit aufgeführt, weil das ganze gewiss einen historischen kern in sich birgt, aber dies darf uns doch nicht verleiten, alles für reine geschichte zu halten. Selbst wenn diese denkmäler das alter haben, das ihnen Mabillon zuerkennt, muss man hier doch schon eine legendenbildung constatieren. Darauf weist

1) Pertz, SS. I, 150 f. XIII. 28.
2) Cap. 3.
3) Mit dem späteren Otger von Carmentray in demselben kloster hat dieser Othgerius nichts zu tun, worüber Mabillon a. a. o.

2*

schon das grabmal selbst, welches von figuren der sagen-
geschichte umgeben ist: wenn auch die figuren zur linken
noch nicht sicher gedeutet sind, so waltet doch über die zur
rechten kein zweifel, dass hier im vordergrunde Roland und
Auda dargestellt sind, wie die verse beweisen, welche die
dritte im hintergrunde stehende figur[1] auf einem blatt dar-
bot: ,*Audae conjugium tibi do, Rollande, sororis Perpe-
tuumque mei socialis fedus amoris.'* Wir haben hier also eine
bildliche darstellung sagenumwobener, nicht geschichtlicher
gestalten.

Das denkmal und die Conversio stehen in enger beziehung
zu einander: vermutlich ist das denkmal erst nach den angaben
der Conversio errichtet. Auch diese zeigt schon legendarisches,
wie z. b. die erzählung, dass Othger durch aufstofsen eines mit
schellen behängten stockes die andacht der mönche prüft, was
auch anderwärts, so von Walter von Aquitanien, Otto dem
Grofsen und, entfernter anklingend, von könig Konrad berichtet
wird.[2] Was ferner die schenkung der abteien Rez und Vercelli
an das kloster anlangt, so muss diese angabe doch zweifelhaft
erscheinen: eine urkunde wenigstens scheint darüber nicht zu
existieren, trotzdem gerade solche schenkungsurkunden aus der
damaligen zeit sehr zahlreich überliefert sind. Schliefslich muss
auch die dürftigkeit der angaben über Othger selbst auffallen.
Zwar wird er als tapfrer kämpfer, als zweiter nach dem könig
bezeichnet, aber wann und wo er sich ausgezeichnet, welche
stellung er im staate eigentlich eingenommen, davon weifs die
Conversio nichts. Man kann also aus allem nur den schluss
ziehen, dass tatsächlich ein nicht unbedeutender mann namens
Othger im kloster St. Faro zu Meaux gelebt und gestorben,

---

1) Diese dritte figur hat man für Ogier erklären und diesen somit
zum bruder der Auda machen wollen, im widerspruch mit der sonstigen
tradition: ,les traditions doivent se courber devant les monuments' (P. Paris).
Es liegt aber nicht der mindeste anlass vor, die besagte figur für eine
andere als Olivier anzusehn.

2) Mabillon, Ann. Ord. St. Bened. II, 377. — Chronicon Novaliciense,
II, cap. 7 (Pertz, SS. VII, 73 ff., auch separat).

und nachher seine geschichte in der localtradition des klosters
weiter ausgeschmückt worden ist.
Wer war dieser Othger? Wir können es nicht mit sicherheit sagen. War seine stellung wirklich eine nur annähernd so
bedeutende, wie ihm nach der Conversio zugewiesen wird, so
dürfte man wohl zu dem schluss berechtigt sein, dass wir dann
auch aus der geschichte über ihn unterrichtet sein müssten.
Hier aber bliebe dann nur die wahl zwischen dem Pipinischen
und dem Carolinischen Autcharius. Was von seinen kämpfen
gesagt wird, möchte am ehesten zum letzteren, seine hohe
stellung besser zum ersteren passen; jenes aber entspräche
wenig dem, was wir vom Pipinischen Autcharius wissen, dieses
widerum nicht dem Carolinischen Autcharius, denn die annahme, Autcharius habe sich nach dem Langobardenkrieg mit
Karl versöhnt und eine angesehene stellung bei ihm eingenommen, ist lediglich aus dem altfranzösischen gedicht geschöpft.
Wir wissen über das ende unseres A. nichts, als was die Chronik
von Moissac berichtet: er sei nebst Desiderius und dessen familie
ins exil gestofsen worden. Wahrscheinlich, dass er sein leben
in einem kloster beschlossen, und von hier aus ist die möglichkeit gegeben, ihn zu dem Faronischen Othger in beziehung
zu setzen. Soviel ist sicher: nehmen wir die Conversio als
historische quelle, so ist es unmöglich, diesen Otger mit dem
Carolinischen Autcharius zu identificieren. Nehmen wir sie
aber als das, was sie in wirklichkeit ist, nämlich als legende,
und entkleiden sie der legendarischen zutaten, so kann der
historische kern wohl der sein, dass Karl den widerspenstigen
grofsen nach beendigung des Langobardenkrieges im Farokloster
zu Meaux zum mönch scheeren liefs. Wir hätten dann zugleich
ein neues factum für die geschichte unseres Autcharius ge-
wonnen.

Nicht unter die besprochenen zeugnisse gesetzt habe ich
drei, die gewöhnlich bei dieser gelegenheit mit aufgezählt
werden: die bekannte stelle aus dem Mönch von St. Gallen,
das auf Ogier bezügliche gedicht aus den Quirinalien Metells
von Tegernsee und die notiz der chronik des Kölner Schotten-

klosters Grofs St. Martin z. j. 778. Bezüglich des erstgenannten bedarf es keiner entschuldigung: es ist allgemein anerkannt, dass wir in dem werke des Mönchs von St. Gallen nicht mehr geschichte, sondern bereits die sagenbildung in ihren anfängen haben. Von dem Otkar Metells sei hier nur bemerkt, dass er ursprünglich ganz aufserhalb steht, wovon unten in cap. VI ausführlich die rede sein wird. Weshalb ich die kölnische Chronik beiseite gelassen, will ich sogleich auseinandersetzen.

Die in betracht kommende stelle lautet: *Huic* (dem 756 verstorbenen abt Alpho) *suffectus est Herbodus, qui rexit sub annum 778, quo monasterium a Saxonibus est destructum, et denuo restauratum per Olgerum Daniae ducem, adiuvante Karolo magno imperatore.*[1] Diese notiz ist der gegenstand mehrfacher erörterungen von seiten der historiker und literarhistoriker gewesen.[2] Thorsen[3] glaubte darin für Olgers geschichte einen festen punkt gefunden zu haben, von dem aus man sicher weiter arbeiten könne. Man muss sich wundern, dass man auf diese nachricht soviel gewicht hat legen können. Denn nehmen wir selbst an, die notiz gebe ein historisches factum wider, so würde doch für eine geschichte Ogiers sehr wenig daraus folgen: die sachliche beziehung zu diesem mangelt völlig, da nirgends sonst die rede von der restaurierung des besagten klosters durch Ogier ist, und mit dem historischen ‚Autcharius Francus‘ ist der ‚Daniae dux‘ erst recht nicht in einklang zu bringen. Der besagte Olger könnte dann nichts anderes als eine ganz für sich stehende person sein, die mit dem helden der dichtung nur eine zufällige namensähnlichkeit hätte.

---

1) Pertz. SS. II, 214 f.

2) Vgl. die oben s. 6 gegebenen citate, dazu noch: Ennen, Geschichte der Stadt Köln. l. Bd. 1863. s. 144—146 u. 197. — Jahrbücher des Fränk. Reiches unter Karl d. Gr. von Sig. Abel I, 253. 2. Aufl. von Bernh. Simson I, 313. — Wattenbach, Deutschlands Geschichtsquellen im MA.[5] II, 124 f.

3) Nogle Meddelelser om visse historiske Bestanddele i Sagnet om Olger Danske, tilligemed en Undersøgelse om Chronicon monasterii Sancti Martini majoris Coloniensis. Oversigt over det kgl. danske Videnskabernes Selskabs Forhandlinger. 1865, Kjøbenhavn. s. 165—205.

Die sache verhält sich jedoch ganz anders. Was zunächst die namensform anlangt, so hat Pertz Otgerum an stelle von Olgerum gesetzt, damit aber bei Dahlmann, Thorsen und Wattenbach widerspruch gefunden, welche sich auf den dänischen Holger Danske berufen. Die form Olger könnte dann nur aus Dänemark gekommen sein. Hier aber tritt sie erst frühestens ende des 15. jahrh. auf,[1] wo sie das aus der isländischen Karlamagnússage überkommene Oddgeirr (< Ogier) widergiebt. Die kölnische Chronik aber ist älter, als 15 jahrh., von einer beziehung zu Holger Danske kann also keine rede sein. Vielmehr weist eine unbefangene erwägung auf einen zusammenhang mit fränkischen quellen, die ja auch rein äusserlich, geographisch betrachtet, weit näher liegen. In diesen aber ist die form Olger unerhört, formen wie Otger, Othger hingegen sehr häufig. Olgerum kann also nur ein schreibfehler sein, die emendation von Pertz ist beizubehalten.

Alter und glaubwürdigkeit der quelle begegnen starken zweifeln.[2] Selbst die nachricht von der zerstörung des klosters ist nicht über allen verdacht erhaben. Zwar ist richtig, dass die Sachsen 778 das land bis zum Rhein mit mord und brand verheert haben, aber vom Martinskloster (das damals auf einer Rheininsel lag) wird nichts berichtet. Bemerkenswert ist auch, dass vom kloster Kaiserswerth (ebenfalls auf einer Rheininsel) gleichfalls zerstörung und wiederaufrichtung i. j. 778 berichtet wird, diese nachricht aber sicher gefälscht ist.[3] Wahrscheinlich ist mir hierbei allerdings, dass die nachricht erst vom Martinskloster auf Kaiserwerth übertragen ist, was indes für die echtheit der kölnischen nachricht nichts beweist.

Den besten beweis für das sagenhafte der überlieferung haben wir in der chronik selbst, nämlich in dem *dux Daniae*,

---

1) Zuerst auf der unterschrift eines bildes aus ca. 1480—1500: Hollaeger (s. Storm, Sagnkredsene om Karl den store og Didrik af Bern hos de nordiske Folk. Kristiania 1874, s. 183), nachher, 1525, bei Pedersen (Olger) und in den dänischen heldenliedern (Holger und Olger).

2) Wattenbach a. a. O. ‚nicht vor ausgang des 13. jhs.'

3) Abel-Simson a. a. O.

wie schon Abel[1] sehr treffend bemerkt hat. Dass eine beziehung
zu dem französischen ‚Ogier duc de Danemarche' besteht, ist
ohne weiteres klar; das prototyp dieses Ogier war aber, wie
wir gesehen, der Franke Autcharius, und erst in der dichtung
ist er zum Dänenherzog geworden. Auf die dichtung, resp.
auf die sage ist also die kölnische nachricht ohne zweifel
zurückzuführen.

Auf welchem wege diese übertragung geschehen, lehrt ein
blosser blick auf die karte. In Nordfrankreich, in der Picardie,
Isle de France und Champagne ist die sage von Ogier zuhause.
Von hier aus führt der nächste weg nach Köln über die Niederlande, über die gegend von Lüttich. Und gerade hier in
Lüttich hat sich früh eine localtradition über Ogier gebildet.
Der niederländische übersetzer des altfranzösischen Ogier sagt,
dass schon vor ihm gedichte über Ogier in niederländischer
sprache vorhanden gewesen; bereits durch die Chevalerie Ogier
war der held in enge beziehung zu den Niederlanden gesetzt,
und die Lütticher tradition hat alles dies noch weiter ausgeschmückt. Nach den Lütticher Chroniken[2] hat Ogier zu
Lüttich schloss und steinbrücke bauen lassen, auf wunsch der
Mutter Gottes die kirche von Notredame in Tongern widerher-
gestellt, sodann zu ehren des heiligen Martin, der in Tongern
verehrt wurde, daselbst ein schloss und zu Auray eine kirche
gegründet. Also schon hier knüpft sich die sage von Ogier
an den namen des hl. Martin, und die übertragung von hier
nach dem Martinskloster wird dadurch noch eclatanter, denn
nach lage der dinge kann die umgekehrte annahme einer übertragung von Köln nach Lüttich gar nicht in frage kommen.

1) a. a. O. S. 253, anm. 3: „Unrichtig lässt Ennen I, 197 sogar die
Nachricht von der Herstellung des Klosters durch den vorgeblichen Dänen-
herzog Otger gelten, welche grade ein Beweis ist von dem märchenhaften
Charakter der ganzen Erzählung."

2) Vgl. Mone, Anzeiger für Kunde der deutschen Vorzeit, 1836,
s. 64 ff. — Reiffenberg, Mousket I, 591. II, s. CCCXVIII. — Ferner noch:
Chronique de Jean des Preis, par Bormanns, 1886. S. 360 ff. — Magnum
chronicon belgicum, Pistor — Struve III, 50.

Auch dies mag nicht unerwähnt bleiben, dass schon in der älteren geschichte des kölnischen klosters ein Othger erwähnt wird, was die übertragung vielleicht noch begünstigt hat.

Die nachricht der Kölner chronik ist also ein ausfluss der späteren, in den Niederlanden local weitergebildeten sage, und gehört somit nicht unter die historischen zeugnisse, sondern unter die zeugnisse für die sage.

Fassen wir zum schluss zusammen, was sich aus dem vorliegenden für die geschichte des historischen vorbilds von Ogier ergeben hat, so ist es etwa folgendes:

Autcharius gehörte aller wahrscheinlichkeit nach zu jenen grossen Karlmanns, welche dessen bruder Karl feindlich gesinnt waren. Nach dem tode Karlmanns, 771, begleitete er dessen wittwe und unmündige söhnchen auf ihrer flucht zu ihrem vater Desiderius, dem Langobardenkönig. In dessen begleitung zog er 773 vor Rom, um den papst Hadrian I. zur krönung von Karlmanns söhnen zu veranlassen; der zug blieb jedoch erfolglos. Als Karl mit heeresmacht über die Alpen heranzog, rückte er ihm mit Desiderius entgegen und teilte mit diesem die niederlage bei den Klausen. Während hierauf Desiderius sich in Pavia einschloss, ging Autcharius, als begleiter und schützer von Karlmanns wittwe und söhnen nebst Adelchis, dem sohne und mitregenten des Desiderius, nach dem festen Verona, ergab sich aber bei Karls anmarsch ohne widerstand nebst seinen schutzbefohlenen. Über das weitere schicksal des Autcharius ist nichts sicheres bekannt. Vielleicht dürfen wir aus der legende von seiner bekehrung schliessen, dass ihm nach beendigung des Langobardenkrieges das kloster St. Faro als aufenthaltsort angewiesen wurde. —

Mit dem unter Pipin lebenden herzog Autcharius ist er wahrscheinlich nicht identisch. — Die nachricht in der Kölnischen Chronik ist als historische quelle nicht zu verwenden.

Sage und dichtung.

Mit dem helden von Roncesval hat es Ogier gemein, dass seine poetische geschichte fest in historischen ereignissen aus Karls d. Gr. zeit wurzelt. Im sommer 778 fand im tale von Roncesval jener denkwürdige kampf statt, der dem ältesten uns überlieferten afr. epos den stoff gab, und nur wenige jahre früher, in den jahren 771—774, hatten sich die vorgänge abgespielt, in denen der Franke Autcharius eine so wichtige rolle hatte. Mit diesen tatsachen stehen wir auf festem historischen boden, von hier aus hat die geschäftige sage ihren weiten weg begonnen.

Es ist die natürliche folge grosser ereignisse, dass die erinnerung an sie sich im gedächtnis der mitwelt und der nachwelt fortsetzt, von munde zu munde getragen, zugleich aber auch von munde zu munde verändert, verstümmelt oder mit neuen zutaten versehen wird und so mehr und mehr von der historischen wahrheit sich entfernt. Welchen anteil an dieser weiterbildung im einzelnen die dichtung hat, wieviel die sage, d. h. die im volke umlaufende tradition in ungebundener rede, lässt sich nicht mehr feststellen. Unter dem frischen eindruck eines glorreichen sieges mag hin und wider wohl ein siegeslied gedichtet worden sein und sein teil zur weiteren verbreitung beigetragen haben. Nicht selten aber mag erst die sage geraume zeit im stillen geschafft haben, bevor ein dichter kam, den schon nicht mehr rein geschichtlichen stoff aufzugreifen und durch dichterische behandlung von neuem zu gestalten und umzugestalten. Auf diese art, unter wechselndem wirken von sage und dichtung und unter gegenseitiger beeinflussung beider, mag in den ersten jahrhunderten die vorbereitung unseres heldenepos vor sich gegangen sein.

Der untergang des Langobardenreiches war ein ereignis von solcher tragweite, um bei siegern und besiegten einen tiefen eindruck zu machen und noch lange im gedächtnis derselben fortzuleben. Die langobardische sage hat versucht, den könig und das heer von dem schimpf des unterlegnen zu reinigen: nur verrat habe den Franken einen weg zur umgehung der Langobarden gezeigt und die tore von Pavia geöffnet, wie solches und anderes in der chronik des klosters Novalese ausführlich berichtet wird. Im Frankenreiche war es zunächst natürlich der grosse kaiser selbst, welcher das interesse des volks an den Langobardenkrieg fesselte, daneben aber nicht minder das schicksal des stammesgenossen Autcharius, der nach und nach die Langobarden immer mehr bei seite schob und schliesslich das hauptinteresse in dem Langobardischen drama für sich in anspruch nahm. Und neben dieser langobardischen und westfränkischen tradition ist uns eine dritte aus dem östlichen Frankenreiche erhalten, jene, welche der Mönch von St. Gallen uns überliefert.

Was uns der Mönch von St. Gallen in seinem werk ‚De gestis Karoli Magni'[1] von Autcharius im 17. capitel des zweiten buches erzählt, ist das älteste zeugnis für den übergang des helden in die sage. ‘Otkerus,[2] quidam de primis principibus,’ weilt bei Desiderius in Pavia. Als Karl mit seinem heere herannaht, steigen beide zusammen auf einen hohen turm. Schar auf schar zieht heran, aber Karl selbst ist noch fern. Immer ängstlicher werden die fragen des Desiderius, ob Karl noch immer nicht komme und noch mehr volks zu erwarten sei, und immer antwortet ihm Otker: „Noch nicht, noch nicht." Endlich erscheint er, vom kopf bis zu fufs in eisen gehüllt, in eisernen rüstungen um ihn seine getreuen. „Da ist er, nach dem du so viel gefragt," ruft Otker und sinkt ohnmächtig nieder.[3]

---

1) Ausgaben: Pertz, SS. II. 731. — Bouquet V, 131. — Migne, Patrologiae cursus completus, t. XCVIII, s. 1405. — Deutsch von Wattenbach. Berlin. ²1877.

2) In einigen hss. Oggerus.

3) Die stelle ist häufig übersetzt worden: von Grimm (Deutsche Sagen II, 112), Wattenbach (s. o.), Reiffenberg (Mousket II, s. CCXX), G. Paris (Hist. poét. s. 330), Nyrop (Den oldfr. Helted), Gorra (dasselbe, ital. s. 103); in poetischer form von Simrock behandelt (Kerlingisches Heldenbuch, s. 47).

In einem wichtigen punkte steht diese erzählung der
geschichte näher als die altfranzösische dichtung: Otker ist hier
noch ein fränkischer grosser, kein Däne. Diese umbildung fällt
also vermutlich erst einer späteren zeit zu. Jedoch ist dieser
bericht nicht einfach als eine ältere vorstufe der Ch. O. anzusehn, vielmehr haben wir hier eine von der westfränkischen
unabhängige, selbständige tradition vor uns. Denn ganz abgesehen davon, dass die episode in dem afr. epos von Ogier
keine entsprechung findet, entfernt sie sich in einigen punkten
viel weiter von der geschichte als das epos des 12. jahrhunderts. In diesem spiegelt sich der geschichtliche vorgang noch
deutlich wider, wenn Desier sich in Pavia einschliesst, Ogier
aber weiter flieht, um anderwärts schutz gegen Karl zu suchen
und ihm trotz zu bieten; beim Mönch von St. Gallen aber
befindet sich Otker ganz unhistorisch bei Desiderius in Pavia.
Während dort wenigstens an einer stelle (v. 4423 ff.) die flucht
mit Karlmanns söhnen nach Italien erwähnt wird, weiss der
Mönch nur: 'Otkerum offensam terribilissimi imperatoris in-
currere, et ob id ad eundem Desiderium confugium facere.'

Der nächste gewährsmann unseres mönchs wird wohl
hier wie für die meisten erzählungen über Karls kriege Adalbert, jener alte kriegsmann gewesen sein, welcher selbst mit
gegen Avaren, Sachsen und Slaven zu felde gezogen war und
in seinem alter sich damit vergnügte, die wunderbaren taten
und erlebnisse Karls des grofsen seinem kleinen pflegling zu
erzählen. Stützte er sich dabei auf die volkstümliche überlieferung oder ein volkslied, hat er vielleicht gar ein solches
seinem jungen zuhörer mitgeteilt? Das letztere ist am wenigsten wahrscheinlich: vermutlich hätte dann der Mönch eine
kurze notiz hierüber kaum gespart. Trotzdem aber bleibt die
annahme wahrscheinlich, dass Adalberts quelle ein volkslied
war, wie ja auch meist angenommen wird. Auch G. Paris[1]
neigt dieser annahme zu, nur will er den bericht nicht als
eine direkte übersetzung des vorausgesetzten liedes gelten lassen:

---

1) Hist. poét. s. 41. 332.

'la chanson n'a fourni au chroniqueur que le motif, à lui seul
appartient la mise en œuvre.' Man kann über die grössere
oder geringere treue des Mönchs gegen seine quelle verschiedener meinung sein, der poetische zug des ganzen lässt sich
jedenfalls nicht verkennen.

Das zeigt schon der allgemeine charakter des berichts,
welcher eigentlich weniger einer prosaischen erzählung von
ereignissen, als einer poetischen verherrlichung der macht und
grösse Karls gleicht. Denn diese bildet den mittelpunkt und
augenscheinlich auch den eigentlichen zweck des berichts, die
schilderung überwiegt, die handlung ist völlige nebensache.
Dazu kommt die poetische anlage des ganzen, die fünffache
steigerung, welche in dem aufeinander der verschiedenen scharen
und in den entsprechenden reden zwischen Desiderius und
Otker enthalten ist. Zuerst erscheint der bagagetross, dann der
landsturm, hierauf die palastschule, zu viert die geistlichkeit
und schliefslich die elite des heeres mit Karl selbst. Zuerst
fragt Desiderius nur, ob Karl dabei sei; als er aber auch das
zweite mal eine verneinende antwort bekommt, entringt sich
ihm die besorgte frage: 'quid faciemus, si plures eum eo
renerint?'; in der dritten schar glaubt er fest, Karl zu finden;
als er aber die vierte erblickt, will er sich in die erde ver-
bergen vor einem so furchtbaren feinde. Und dazwischen die
antworten des Otker, die mit ihrem formelhaften, dreifach
wiederholten 'non adhuc, neque adhuc' an den epischen stil
gemahnen. Echt poetisch ist auch die beinahe anaphorische
widerholung des 'ferreus, ferrum' bei jedem ausrüstungsstück
Karls, bei seinem ross, bei seinen begleitern, und nicht minder
poetisch die bilderprächtigen worte Otkers: „Wenn du sehen
wirst die eiserne saat auf den feldern starren, und den Po und
den Ticinus mit eisenschwarzen meerwogen die mauern der
stadt überschwemmen, dann harre auf Karls erscheinen." Wir
sind also völlig zu der annahme berechtigt, dass bereits nicht
lange nach den taten des grofsen kaisers ein lied dieses inhalts
existiert habe, und auch die vermutung, dass es ein deutsches
lied gewesen, kann erheblichen zweifeln nicht begegnen.

Es war im jahre 883, als Karl der Dicke dem kloster St. Gallen jenen besuch machte, der für den alten mönch die veranlassung wurde, die sagen über Karls d. Gr. leben und taten aufzuzeichnen. Unser chronist war noch knabe, als er von seinem pflegevater Karls taten erzählen hörte, und wohl noch in das erste drittel, jedenfalls aber in die erste hälfte des 9. jahrhunderts müssen wir also die entstehung jenes liedes setzen. Seitdem aber vergeht eine lange zeit, bis wir wider etwas über die Ogiersage hören: das 10. und 11. jahrhundert, die beiden wichtigsten für die weitere entwicklung, sind ohne zeugnisse. Erst im 12. jahrhundert finden wir wider nachrichten über ihn. Hierbei sehe ich im einzelnen von einer ganzen klasse von indirecten zeugnissen ab, auf die aber doch hingewiesen werden muss: das sind alle jene vor der Chevalerie Ogier entstandenen epen, in denen Ogier als held oder paladin Karls d. Gr. auftritt. Alle diese setzen nicht mehr den geschichtlichen Ogier, den aufrührerischen vasallen, voraus, sondern einen Ogier, wie er erst in den ‚Enfances Ogier' (der ersten branche der Chevalerie) erscheint: diese wichtige umbildung muss sich also schon vor den erwähnten epen vollzogen haben, vermutlich schon im 11. jahrhundert, da bereits die Karlsreise Ogier als paladin kennt. Zweitens ist noch zu bemerken, dass auch hier bereits dem helden die dänische herkunft vindiciert wird.

In solcher gestalt erscheint er auch im Rolandslied und Pseudoturpin. Dieser letztere ist uns besonders wichtig durch eine stelle, welche für jene zeit, etwa mitte des 12. jahrhunderts, alte gesänge von Ogier direkt bezeugt. In cap. XI werden die fränkischen helden mit ihren streitkräften aufgezählt, unter ihnen 'Ogerius rex Daciae, cum decem millibus heroum. De hoc canitur in cantilena usque in hodiernum diem, quia innumera fecit mirabilia.'[1] Hieraus sehen wir, dass bereits

---

1) Die stelle ist in einigen hss. auf den kurz vorher genannten Oellus bezogen, wohl nur aus versehen; sie fehlt im provenzalischen Turpin (Zfr Ph. XIV), sowie in dem von Saintonge (Zfr Ph. I).

vor der Ch. O., die man dem ende des 12. jahrh. zuweist, gedichte über Ogier bestanden.

Aus Baiern erhalten wir nicht viel später einen neuen beweis. Im kloster Tegernsee verfasste nach der mitte des jahrhunderts Metellus seine Quirinalia, von denen ein gedicht auf den stifter von Tegernsee, Occarius, für uns von doppelter wichtigkeit ist.[1] Hier erzählt Metell von Occarius' sohne, was ganz ähnlich in der zweiten branche der Ch. von Bauduinet, Ogiers sohn, berichtet wird: wenn diese episode, wie später gezeigt werden soll, aus einem französischen gedicht geschöpft war, so haben wir hier ein interessantes document für ein älteres stadium der dichtung. Zweitens bezeugt uns aber auch Metell selbst die existenz solcher gedichte für jene zeit, wenn er von seinem helden sagt:

Burgundis alius belligero robore dux probus,
Quem gens illa canens prisca vocal nunc Osigerium.

Und vielleicht ist hierher noch eine andere stelle zu ziehen, welche lautet:

Verum nobiliore nitens Burgundia flore
Eximiisque locis,
Ac prius hos experta duces fert carmina certa
Principibus propriis,
Qui semel feliciter et sua cuncta potenter
Attribuere deo.[2]

Einige weitere zeugnisse gehören noch in das 12. jahrh. Hiervon muss freilich das aus dem Alexanderroman[3] zweifelhaft erscheinen: die typische verbindung mit *Landri,* in welcher der name hier und anderwärts[3] erscheint, sowie die auffällige,

---

1) S. dasselbe bei Canisius-Basnage, Antiquae lectiones III, teil 2, s. 134 f.

2) Ebda. s. 141.

3) Michelaut 2, 14: *Je ne vous commenc mie de Landri ne d'Angier.* Hist. litt. XXII, 526: *Je ne vous dirai mie de Landri ne d'Anchier.* Rom. de Ren. (Martin) 1ª, 2166: *Contes d'Anchier et de Lanfroi.* Dazu Birch-Hirschfeld, Ep. Stoffe s. 68.

aber durchaus übliche schreibung '*Auchier*' lassen eine beziehung auf Ogier kaum zu.

Hingegen machen verschiedene anspielungen bei den Provenzalen für gewiss, dass ende des .12. jahrhunderts der stoff und vermutlich auch gedichte von Ogier dort bekannt waren: so bei Bertran de Born, Raimund von Miraval, Guiraut von Cabrera.[1]

Mit dem ende des 12. jahrhunderts verlieren solche zeugnisse für uns an wert, da um diese zeit schon die Chevalerie Ogier in ihrer jetzigen gestalt vorhanden ist. Nur einige merkwürdige zeugnisse der spätern zeit will ich noch erwähnen.

An zwei stellen bezieht sich Alberich von Trois-Fontaines in seiner weltchronik (geschrieben in den jahren 1232—52) auf die sage von Ogier. Die eine stelle von dem '*Lotharius superbus*' ist schon oben angeführt und wird bei späterer gelegenheit besprochen werden.[2] Die andere, zum jahre 1210, lautet folgendermafsen: *A partibus Hispanorum venit hoc tempore quidam senio valde confectus miles grandaevus, qui dicebat se esse Ogerum de Dacia, de quo legitur in historia Caroli Magni, et quod mater eius fuerit filia Theoderici de Ardenna. Hic itaque obiit hoc anno, ut dicitur in dyocesi Nivernensi villa que ad sanctum Petricum dicitur, prout illic tam clerici quam layci qui viderunt tulerunt.*[3] Dies zeugnis ist charakteristisch für die leichtgläubigkeit der zeit und für die popularität des helden. Daneben aber zeigt es schon die anknüpfung Ogiers an das Ardennergeschlecht und an die Niederlande überhaupt, die später, und namentlich in dieser gegend, noch weiter ausgebildet wird.

Im laufe des 13. jahrhunderts gelangt die sage, zunächst wohl auf dem wege chronistischer überlieferung, ins ausland. Die benachbarten Niederlande kannten die sage jedenfalls schon

---

1) S. Stimming, Bertran de Born, 45, 37 nebst anmerk. — G. Paris, Romania VII, 451. — Birch-Hirschfeld, Epische Stoffe s. 73.

2) S. oben s. 12. Dazu G. Paris, Hist. poét. s. 306 f. — Scheffer-Boichorst. Pertz SS. XXIII, 669. Vgl. unten cap. VIII, 5.

3) Pertz SS. XXIII. 809.

früher durch mündliche überlieferung; die Lütticher chroniken
wissen viel davon zu erzählen und von hier fand sie, wie
wir gesehn, den weg in die kölnische Klosterchronik. Vermutlich über Deutschland ist die sage schon damals in eine
scandinavische chronik, die Esromer annalen, eingedrungen:
*Et in tempore illo erat ferocissimus rex in Dania nomine
Godefridus, pater Ossyari Dani.*[1]

III. Capitel.
Die Chevalerie Ogier.

Erst aus dem ende des 12. jahrhunderts ist uns das
älteste französische gedicht über Ogiers taten und erlebnisse
erhalten: die sogenannte Chevalerie Ogier.[2] In 12 gesängen
und mehr als 13000 versen erzählt sie die geschichte des
helden, welche sich durch einen sehr reichen und mannigfaltigen
inhalt auszeichnet. Wenn wir auch nicht erwarten dürfen,
hier ohne weiteres die älteren gedichte wiederzufinden, von
denen die obengenannten zeugnisse reden, so ist doch die annahme wahrscheinlich, dass die Ch. O. in stofflicher hinsicht
die wichtigsten stücke aus der früheren dichtung von Ogier
darstellt. Sie muss daher den ausgangspunkt bilden, wenn wir
versuchen wollen, uns ein bild von der dichtung einer früheren
zeit zu machen.

Darüber besteht kein zweifel, dass die Ch. O. in der vorliegenden gestalt kein einheitliches werk ist, sondern die tätigkeit eines redactors erfahren hat: auch darüber nicht, dass
schon die vorlage des redactors keine einheit bildete, dass
vielmehr mehrere teile als grundlage unseres epos anzunehmen
seien. Wieviele teile es aber gewesen, und wo die grenzen
zwischen den einzelnen teilen zu ziehen seien, darüber sind

---

1) Ausführlich hierüber Storm, Sagnkredsene s. 181 ff.
2) hg. von Barrois, s. o. s. 6.

die ansichten verschieden. Am ausführlichsten hat über die zusammensetzung der Ch. O. zuletzt Ernst Fiebiger[1] gehandelt. Gestützt auf formale, sachliche und sprachliche gründe nimmt er eine dreiteilung an: den ersten teil bilde die 1. branche (Enfances Ogier), den zweiten die II.—VIII. branche, den dritten die IX.— XII. branche. Indes ist diese einteilung doch nicht ohne weiteres als richtig anzusehn. Man wird leicht bemerken, dass eine ganze reihe der von Fiebiger vorgebrachten gründe (so no. 7, 8, 9, 10, 11) wohl für einen unterschied zwischen dem ersten hauptteil einerseits und den beiden anderen andrerseits, aber nicht zwischen zweitem und drittem teile sprechen. Andere gründe sind fraglicher natur, so wenn er aus der recapitulation am anfang der branche II und am schluss der VIII. auf die selbständigkeit dieses teiles schliesst. Solche recapitulationen finden sich auch an zahlreichen anderen stellen, so gleich am schlusse von br. II (v. 3442 ff), am anfang von br. III (v. 3512 ff) u. ö. Wider andere characteristica, wie die glattheit und ausführlichkeit im zweiten und dritten hauptteil gehn nicht diesen als solchen, sondern nur einzelne unterteile, resp. branchen an. Die dem zweiten und dritten hauptteil eigentümlichen substantive auf -eïs finden sich fast alle in interpolierten oder sonst verdächtigen stellen.[2]

Auch mit rein technischen erwägungen kommen wir nicht weiter, etwa wenn wir die verszahl der laissen oder das verhältnis der reime zu den assonanzen der einteilung zu grunde legen wollten. Es lässt sich berechnen, dass im durchschnitt eine laisse der Ch. O. ca. 51 verse zählt. Ergiebt sich nun weiter, dass in br. I die verszahl pro laisse 34, dagegen in den übrigen branchen 60 verse beträgt, so ist ja damit ein unterschied constatiert, aber doch nur auf sehr oberflächliche weise.

---

1) Ernst Fiebiger, Ueber die Sprache der Chevalerie Ogier von Raimbert von Paris. Hall. Diss. 1881. Vgl. s. 19 ff u. s. 54, wo auch die früheren ansichten besprochen sind.

2) So *torncïs* 3811 in der Dijonepisode (s. cap. IV), *capleïs, carpenteïs, rolleïs* u. a. m. 6727 ff in der interpolation aus den Loherains (s. cap. V), *plaisseïs* 4638 ff in der pferdediebstahlepisode (cap. IV) u. s. w.

Denn die verschiedenen branchen des zweiten und dritten teiles
sind untereinander durchaus nicht einheitlich, manche nähern
sich der durchschnittszahl mehr als andere, eine geht sogar
noch tiefer herab als die 1. br., wie folgende übersicht zeigt:

Branche . . . . VII I VI III VIII XII IX X IV XI V II.
Verszahl d. laisse
im durchschnitt: 30 34 44 52 53 56 62 63 66 80 138 377.

Ja, diese grosse verschiedenheit finden wir selbst innerhalb der einzelnen branchen fortgesetzt. So zählt z. B. die
IV. br. im verhältnis zu anderen branchen eine ziemliche an-
zahl kurze laissen, nämlich unter 28 laissen 4 von weniger
als 10, und 5 solche von 10—20 versen; daneben aber 7 laissen
von 101—150, 2 von 151—200, und 1 von 289 versen.
Wenn man im allgemeinen, von der individualität des einzelnen
dichters abgesehn, die kürzeren tiraden, etwa wie sie im Rolandslied auftreten, als älter, die längeren als jünger ansehn
darf, so geht aus unseren beispielen nur hervor, dass wir in
unserem gedichte, innerhalb der einzelnen teile und der einzelnen branchen, schichten von verschiedenem alter haben und
somit schlüsse auf das alter oder den charakter ganzer teile
nicht machen können. Höchstens dürfte man die längsten
laissen einer späteren zeit zuweisen, in jenen stücken aber,
wo kürzere laissen häufiger auftreten, noch bestandteile älterer
dichtungen suchen.

Nicht anders steht es mit dem verhältnis von reim und
assonanz. Auch hier mag gelten, dass die neigung zum reim
in der I. branche geringer ist, als im durchschnitt der übrigen
branchen; weiteres aber lässt sich nur mit vorsicht folgern.
Auch hier stehen innerhalb der einzelnen branchen stücke von
verschiedener technik nebeneinander, und nur wo ein stück sich
durch besonderen reichtum an reimen gegenüber seiner umgebung auszeichnet, wird man zu diesem criterium greifen dürfen.

Wäre die Ch. O. aus drei originalwerken zusammengesetzt
und diese nur notdürftig durch den redactor verbunden, so
würden formelle unterschiede sich leicht constatieren lassen.

Dies ist aber nicht der fall. Der redactor hat zweifellos ziemlich viel von dem seinigen hinzugetan, dabei aber jedenfalls nicht alle teile gleichmässig überarbeitet, sondern nur da zusätze gemacht oder änderungen getroffen, wo es ihm nötig oder passend schien. Ausserdem aber werden die gedichte, welche der redactor vor sich hatte, zum teil wenigstens gewiss schon vorher mehrere metamorphosen durchgemacht haben. Diese verschiedenen machinationen, welchen das epos unterworfen wurde, nämlich die des redactors und die seiner vorarbeiter, kreuzen sich nun in einer weise, dass man im einzelnen altes und neues, selbst die zusätze des redactors, nach formellen gesichtspunkten nur schwer scheiden kann.

So lässt sich aus formellen gründen zunächst nur die I. branche abtrennen, die ja im allgemeinen einen altertümlichen eindruck macht. Weniger einfach aber verhält sich die sache mit den übrigen elf branchen. Dass sie keine einheit bilden, ist klar, äussere scheidungsmittel aber kommen nur wenig in betracht. Wenn man jedoch annimmt, dass als grundlage mehrere bestandteile anzunehmen seien, die also früher einmal unabhängig von einander existiert hätten, so kann es nur darauf ankommen, das ganze in solche erzählungen und episoden zu sondern, welche dieser bedingung entsprechen: d. h. die teilung mit vornehmlicher rücksicht auf den inhalt vorzunehmen. Es wird sich zeigen, dass diese gliederung auch von andrer seite noch bestätigt wird.

Das ganze epos scheint mir hiernach in folgende fünf haupthandlungen zu zerfallen:

A. Ogiers jugendtaten (Enfances Ogier). (Branche I).

   I. Vorgeschichte Ogiers (vo. 1—171).

  II. Zug nach Italien, kampf gegen die Saracenen, Ogiers erste heldentat (v. 172—749).

 III. Ankunft des Karahout, doppelzweikampf, gefangennahme Ogiers, Karahents edelmut (v. 750—2293).

 IV. Brunamonts ankunft, seine werbung um Gloriande, Ogiers edelmut, zweikampf (v. 2294—3017).

V. Schluss: sieg der christen und heimkehr (3018 3102).

B. Das schachspiel (II. branche).
Bauduinets tod, Ogiers rache und flucht zu Desier.

C. Der Langobardenkrieg (III. branche).

I. Bertran bote an Desier, sein abenteuer in Dijon, auf-. treten an Desiers hof, rückkehr zu Karl (3480—4834).

II. Zug nach Italien, schlacht bei St. Aiose und flucht der Langobarden, unterstützung Ogiers durch Berron, Ogiers flucht (4835—5883).

D. Die belagerung von Castelfort (IV.—VII. branche).

I. Ermordung von Amis und Amiles, verteidigung im schloss, ankunft vor Castelfort (5884—6649). (IV. br.).

II. Belagerung und kämpfe, Gui und Loöis zu rittern geschlagen, Guis tod (6650—7810). (IV. br.).

III. Benoits tod, Hardrés verrat (7811—8367). (V. br.).

IV. Ogier allein, die list mit den holzrittern, anschlag auf Karl, die Karlotepisode, Ogiers entkommen, Karls heimkehr (8368—9151). (VI. u. VII. br.).

E. Der Sachsenkrieg (VIII.—XII. branche).

I. Ogier gefangen, durch Turpin am leben erhalten (9152 bis 9763). (VIII. br.).

II. Einfall Brehiers, unglücklicher kampf, Ogier und Charlot (9764—11038). (IX. br.).

III. Kampf und sieg Ogiers über Brehier (11039—11856). (X. br.).

IV. Befreiung der englischen königstochter, Ogiers bedrängnis und rettung, letzter kampf und sieg, schluss (11857 bis 13058). (XI. u. XII. br.).

Diese fünf hauptteile treffen nicht überall mit den abschlüssen der branchen, ja mehrfach nicht einmal mit denen der laissen überein. Das hat seinen grund lediglich in der gewohnheit, am schlusse der laisse oder branche schon auf das

folgende hinzuweisen, oder am anfange das vorausgehende kurz
zu recapitulieren, und darf uns hierbei nicht stören. Im übrigen
aber heben sich die verschiedenen teile ziemlich deutlich gegen-
einander ab, wie ich im folgenden noch näher ausführen will.

Nicht vieler worte bedarf es bei der I. branche, ihre inhaltliche selbständigkeit darzutun. Was hier von Ogier erzählt
wird, berührt sich wenig mit den folgenden branchen und ist
auch äusserlich nur lose mit ihnen verknüpft. Schon ihrer
ganzen natur nach sind die Enfances Ogier, wie gedichte ähnlichen inhalts, etwas selbständiges: sie ergänzen nachträglich
die geschichte des helden, indem sie seiner jugendgeschichte eine
besondere chanson widmen. Auch darin unterscheidet sich die
I. branche von den übrigen, dass in ihr Ogier eine ganz andere
stellung als anderwärts einnimmt: nicht aufrührerischer vasall ist
er hier, sondern des kaisers ritter und paladin, wie er auch
im gedicht selbst mehrfach genannt wird. [1]

Der zweite teil scheint zunächst unlösbar mit dem dritten
verknüpft: er erklärt die ursache der feindschaft zwischen Karl
und Ogier und des letzteren flucht zu den Langobarden. Aber
das kann doch nicht ursprünglich sein: die ältere epische tradition lässt ihn die flucht mit Karlmanns söhnen machen. Die
beziehung zum Langobardenkrieg ist also erst später in diesen
zweiten teil hineingetragen worden, der ursprünglich einen
anderen schluss gehabt haben muss.

Der dritte teil beschreibt den Langobardenkrieg von
773—774. Freilich bietet er in der gegenwärtigen form kein
wirkliches ganze mehr dar: der schluss ist unvollkommen, der
vom ende des krieges und vom schicksal des Desiderius und
seiner enkel, der söhne Karlmanns, reden sollte. [2]

Der vierte teil scheint sich auf den ersten blick eng an
den vorigen anzuschliessen. Aber die verbindung ist doch nur
lose: vom Langobardenkrieg und selbst von den Langobarden
ist nicht mehr die rede, Ogier ist der alleinige held; auch die

---

1) Ogier le palasin v. 2137, 2605, 2653.
2) So auch G. Paris, Hist. poét. s. 309, anm. 1.

eben erwähnte lücke zwischen schluss des vorigen und anfang
dieses teils weist nicht auf die ursprüngliche einheit und zusammengehörigkeit. Mit Ogiers glücklichem entkommen und
Karls heimkehr tritt ein fühlbarer abschluss ein; was nun noch
in derselben branche folgt, gehört schon zum nächsten teile.

Der fünfte teil macht zunächst in sich selbst einen un-
zusammenhängenden eindruck. Aber verschiedenes scheint erst
später hinzugefügt, der eigentliche kern ist jedenfalls der kampf
gegen Brehier und die vorstellung von Ogier als retter in der
not. Hierzu bildet aber Ogiers gefangenschaft bei Turpin und
somit seine vorausgehende gefangennahme durch ihn nur die
einleitung. Auch die italienische und die scandinavische version
verbinden Ogiers gefangenschaft mit dem folgenden. Die
VIII. branche gehört also nicht, wie Fiebiger annimmt, zum
vorhergehenden, sondern zum letzten teile.

Diese noch jetzt deutlich erkennbare scharfe gliederung
des inhalts führt also von selbst auf die vermutung, dass die
Chevalerie Ogier von haus aus überhaupt kein einheitliches
gedicht, sondern aus mehreren, eben diesen angegebenen teilen
zusammengesetzt sei. Diese vermutung wird uns durch verschiedene äussere zeugnisse bestätigt. Vergleichen wir die
älteren bearbeitungen der Ogiersage ausserhalb Frankreichs mit
dem inhalte unseres epos, so ergiebt sich folgendes bild:

Chev. Og.	Fr.-it. überl. (inscr. XIII)	Scandin. überl. (Karlamagnússaga u. Karlskronike).
Enfances	Enfances	Enfances
	Fremde sagen	Fremde sagen
Bauduinets tod	(Baldovinos tod s. u.)	—
Langobardenkrieg	—	—
Castelfort	—	—
Sachsenkrieg	Dasselbe mit einer ein- leitung: Ogiers gesandt- schaft n. Marmora, Bal- dovinos und Carlots tod.	Dasselbe mit einer ein- leitung: krieg in Ita- lien und tod Carlots.

Gemeinsam sind den beiden fremden bearbeitungen also nur die Enfances und der letzte teil. Alles dazwischenliegende fehlt der scandinavischen bearbeitung, nur die francoitalienische überlieferung hat daneben noch Baldovinos tod, aber in anderem zusammenhange als die Ch. O. Es wäre nun ein unerklärlicher zufall, dass beide bearbeiter, jeder unabhängig von dem anderen, darauf gekommen wären, den Langobardenkrieg und Castelfort — welche notabene nahezu die hälfte der ganzen Ch. O. ausmachen — ganz auszulassen: wir können nur annehmen, dass die beiden stücke in den vorlagen nicht enthalten waren und eine sonderexistenz führten. Ferner ist die verbindung mit Bauduinets tod im fr.-it. text sowohl der franz. als scandinavischen überlieferung fremd und augenscheinlich willkürlich; dass das ganze stück im scandinavischen fehlt, beweist, dass auch dieses ursprünglich ausserhalb stand. Aber auch was übrig bleibt, kann kein zusammenhängendes gedicht gebildet haben: eine inhaltliche verknüpfung zwischen dem ersten und letzten teile besteht nicht, und sowohl die francoitalische version als auch die scandinavische trennt die beiden teile durch andere erzählungen, welche Ogier nichts angehn. Wir müssen also schliessen, dass beide bearbeiter aus dem sagenkreis nur einzelne gedichte kannten, der nordische die Enfances und das gedicht von Ogiers Sachsenkrieg, der italienische ausserdem noch Bauduinets tod.

Im einzelnen spielt noch manches andere für die hier gegebenen erklärungen. Die Enfances Ogier werden auch in der franz. literatur meist selbständig behandelt, selbst noch lange nach der entstehung der jetzigen Ch. O. Ins niederländische wurden die Enfances später übersetzt als das übrige[1], was gleichfalls auf sonderexistenz der Enfances deutet. Für die selbständigkeit des gedichtes über Bauduinets tod haben wir in einem gedichte des Tegernseer mönches Metellus ein interessantes zeugnis.

---

1) Vgl. einleitung des niederl. gedichts bei Mone, Uebersicht s. 38 f.

Die weitere begründung muss der besprechung der einzelnen teile überlassen bleiben. Ich werde hier versuchen, für jedes gedicht die grundlage festzustellen, wieweit es der geschichte, wie weit der erfindung seine entstehung verdankt; ferner, wenn nicht das absolute, so doch wenigstens das relative alter der einzelnen gedichte zu erforschen; der eventuellen tätigkeit von interpolatoren und überarbeitern nachzuspüren; und auf diese art schliesslich, soweit es möglich, aus der jetzigen hülle den alten kern herauszuschälen. Die untersuchung soll also ein ungefähres bild von der älteren dichtung über Ogier schaffen und weiterhin zeigen, wie die älteren und einfacheren gedichte zu dem grossen epos geworden, das in der Chev. O. jetzt vor uns liegt.

IV. Capitel.
Der Langobardenkrieg.

Die feindlichen berührungen der Franken mit den Langobarden beginnen nicht erst mit Karl dem Grossen. Seit im jahre 753 papst Stephan III. beim Frankenkönig Pipin hilfe gegen die gewalttätigkeiten Aistulfs, des Langobardenkönigs, gesucht und gefunden, galten an stelle der herrscher von Byzanz die fränkischen könige dem heiligen stuhle als schutzherren, und oft genug hatten sie gelegenheit, sich als solche den Langobarden gegenüber zu erweisen. Schon 756 war Pipin wider in Italien, um mit waffengewalt die übergriffe Aistulfs zurückzuweisen; 760 mussten fränkische gesandte einen vergleich zwischen Desiderius und papst Paul I. vermitteln; 766 gab es wider neue streitigkeiten zwischen den beiden mächten Italiens zu schlichten. Besser schienen die beziehungen sich nach Pipins tode zu gestalten: der eine Frankenkönig, Karlmann, hatte Girberga, eine tochter des Desiderius zum weibe, und 770 vermählte sich König Karl selbst mit einer anderen tochter des

Langobardenkönigs. Aber schon ein jahr darauf verstiefs er sie, und als am 4. December desselben jahres Karlmann starb, floh seine wittwe mit ihren beiden söhnchen, von Autcharius und anderen fränkischen grofsen begleitet, zu ihrem vater nach Pavia, während Karl sich beeilte, von den zurückgebliebenen grofsen Karlmanns den lehnseid entgegen zu nehmen und somit stillschweigends das erbrecht seiner neffen zu annullieren. So lag genug anlass zum streite vor, noch vermehrt durch die von jeher feindliche stellung des Desiderius zum papst. Schon im frühjahre 772 rückte der Langobardenkönig in das Exarchat und die Pentapolis ein, nahm hier eine stadt nach der anderen, und als die mit dem papst angeknüpften unterhandlungen nicht zum ziele führten, zögerte er nicht, im frühjahre 773 gegen Rom selbst vorzurücken. Bei ihm war sein sohn und mitregent Adelchis, der Franke Autcharius und Karlmanns wittwe mit ihren beiden knaben: diese letzteren sollte Hadrian als erben Karlmanns und seines thrones zu königen salben. In solcher bedrängnis wandte sich der papst an die gewohnte und oft bewährte adresse, und nachdem Karls verhandlungen mit Desiderius fruchtlos verlaufen waren, überschritt das fränkische heer in zwei abteilungen die Alpen, die eine unter Karl selbst über den Mont Cenis, die andere über den Grofsen St. Bernhard. Unterdess aber hatte Desiderius die klausen besetzt und befestigt und somit den eingang in die lombardische ebene versperrt, sodass das fränkische heer, dessen beide teile sich im tale von Susa wider vereinigt hatten, ein lager beziehen musste. Endlich gelang es einer fränkischen abteilung, einen weg über die berge zu finden und dem feind in den rücken zu fallen. So mussten die Langobarden mit Desiderius und Autcharius ihre stellung aufgeben und die flucht ergreifen. Die führer trennten sich: Desiderius wandte sich nach seiner hauptstadt Pavia, um sie selbst gegen Karl zu verteidigen; sein sohn Adelchis nebst Autcharius und Karlmanns hinterbliebenen ging nach dem festen Verona. Zehn monate lang hielt sich Pavia gegen Karl. Aber während dieser zeit gelang es ihm, sich des Autcharius und seiner schutz-

befohlnen zu bemächtigen, die sich ihm ohne weiteres ergaben,
als er — ungewiss, ob noch 773 oder schon 774 — mit aus-
erlesenen truppen vor Verona erschien. Die stadt selbst freilich mit Adelchis scheint sich noch länger, bis zum fall von
Pavia, gehalten zu haben. Hunger und krankheit brachten
die hauptstadt des reiches zur übergabe. Desiderius mit seinem
weib Ansa und einer tochter fiel in die hände des siegers, der
ihm reich und krone nahm und ihn ins exil verstiefs. Auch
den Autcharius scheint das gleiche schicksal getroffen zu haben.
Adelchis aber entkam glücklich aus Verona, erreichte ein schiff
und gelangte nach Konstantinopel; von hier aus kehrte er
später nach Italien zurück, um widerholte, freilich nutzlose
versuche zur widereroberung des angestammten reiches zu
machen.

Das ist in kurzem der verlauf des Langobardischen krieges,
und deutlich genug spiegelt sich derselbe in der III. branche
der Chevalerie Ogier wider. Die hauptpersonen sind hier wie
dort dieselben: Karl, Desiderius — Desier und Autcharius —
Ogier. Der Alpenübergang wird in der geschichte über den
Grofsen St. Bernhard und Mont Cenis, im gedicht über den
Gr. St. Bernhard (Mongieu = montem Jovis) bewerkstelligt Die
niederlage der Langobarden vor den klausen hat den stoff zu
der ausführlichen schilderung der schlacht von St. Aiose gegeben, in welcher Desier feig flieht und Ogier wunder der
tapferkeit verrichtet. Und nur eine sagenhafte weiterbildung
des historischen factums ist es, wenn Desier den Ogier in
Pavia nicht einläfst und dieser weiter fliehen muss: auch in
der geschichte trennt er sich von Desier, um weiter nach
Verona zu eilen. Und wie hier inhaltlich die hauptpunkte
der geschichte festgehalten sind, so ist es interessant zu sehen,
wie zuweilen sogar manche einzelheiten der geschichtlichen
darstellung nahe kommen: G. Paris[1] hat auf die merkwürdige übereinstimmung zwischen einer stelle aus Einharts
Vita Caroli Magni und einigen versen unseres gedichts hinge-

---

1) Hist. poët. s. 453.

wiesen, welche den eindruck der Alpenwelt auf die Franken schildern.[1]

Um den historischen kern hat sich nun natürlich eine menge von einzelheiten und schilderungen gruppiert, die den historischen tatbestand ausführlicher umschreiben, gegebene motive weiterführen, neues hinzutun. So ist die darstellung der schlacht völlig eigentum der dichtung, aus dem aufenthalt des Autcharius in Pavia hat sie Bertrans botschaft hergeleitet, und die freundschaft zwischen Ogier und Berron, der ihm in der gefahr treulich beisteht, ist ihre freie erfindung. Vor allem aber ist die figur des Autcharius ins heldenhafte gewachsen. Er drängt die übrigen führer der langobardischen partei in den hintergrund: des königs sohn und mitregent Adelchis, der doch keine unwichtigere rolle als Autcharius spielte, ist ganz verschwunden, Desier, anfangs treu dem gastfreund und gegen Karl kühn, wird wortbrüchig und feig. Alles licht fällt auf den Franken Ogier.

Kein zweifel: mit einem selbständigen lied über den Langobardenkrieg muss die dichtung über Ogier begonnen haben. In der III. branche, welche diesen gegenstand behandelt, sind die beziehungen zur geschichte am engsten, ist die historische persönlichkeit des Autcharius am treusten bewahrt. Und wenn auch die form der branche jünger scheint als etwa die der I. branche, so muss doch ihr original weit älter sein

---

1) Vgl. Einhart. cap. 6: *Italiam intranti quam difficilis Alpium transitus fuerit, quantoque Francorum labore invia montium juga et eminentes in caelum scopuli atque asperae cautes superatae sint, hoc loco describerem...* Hierzu vergleicht G. Paris eine stelle aus der I. branche, v. 223 f.

Il rit l'orage e le grant tenebror
La roce agüe eers le ciel contremont.

Noch näher jedoch liegt eine stelle aus unserer branche III, welche v. 4845 ff. lautet:

En Mongieu entrent qui molt les a penés.
Haut sont li mont et li val encombré,
Et si grant host ne puet pas tost aler;
Molt en i ot de mors et d'affollés,
De ces crvals recreans et lassés.

als jenes der Enfances Ogier. Dies original ist uns nicht
erhalten, und wir wissen nicht, wann es gedichtet worden;
vielleicht bestand es schon, als der Mönch von St. Gallen den
inhalt des deutschen liedes über Desiderius und Otkar auf-
zeichnete. Aber wir können doch wenigstens aus der gegenwärtigen form, wenn auch nicht das original, so doch einige
ältere vorstufen erschliefsen.

Es ist nicht schwer zu bemerken, dass das gedicht in
seiner jetzigen gestalt nicht einheitlich ist. Es finden sich
widersprüche, welche sich nur auf die tätigkeit verschiedener
autoren resp. redactoren zurückführen lassen. Ich glaube, dass
man im ganzen drei verschiedene schichten unterscheiden kann:
eine jüngste, nämlich die vorliegende, in welcher Ogier als
sohn des königs Gaufroy von Dänemark erscheint und an die
zahlung des rückständigen tributs gemahnt wird; eine ältere,
welcher die beziehung auf den tribut und auf Ogiers geiselschaft mangelte; und schliefslich eine dritte, welche auch die
erzählung von dem tragischen schachspiel und somit Ogiers
sohn Bauduinet nicht kannte, vielmehr sich noch ziemlich eng
an die geschichte anschloss.

Es ist klar, dass die verbindung Ogiers mit Dänemark
und ebenso die existenz seines sohnes Bauduinet erst motive
secundärer art sind, und wahrscheinlich, dass sie als solche
noch nicht dem alten gedichte angehörten, dessen enge beziehung zur geschichte auch jetzt noch so deutlich zu tage tritt.
Am wenigsten eng und daher wohl am jüngsten scheint die
dänische beziehung zu sein, welche nur sehr äufserlich ange-
knüpft ist und aller enden widersprüche hervorruft. In dem
ganzen ersten teile, wo es sich um Ogiers auslieferung handelt,
stehen ganz unvermittelt zweierlei gründe für diese auslieferung
nebeneinander: einmal ist es die todfeindschaft zwischen Karl
und Ogier, der schwere schaden, den dieser dem kaiser zuge-
fügt, worunter häufig auch die ermordung von Karls neffen
Loihier erwähnt wird, daneben aber oft genug die verweige-
rung des tributs von seiten Gaufroys, wofür Ogier aufkommen
soll. Man sieht wohl, dass das letztere moment mit der for-

derung der auslieferung von haus aus nichts zu tun haben
kann: um den verpflichtungen des tributs nachzukommen, wäre
eine zahlung desselben von seiten Ogiers eher am platze als
seine auslieferung. Und in der tat ist auch in der zweiten
rede Karls weder von einer dänischen herkunft Ogiers noch
von einer tributforderung die rede, vielmehr wird hier sehr
klar und deutlich gesagt, weshalb Desier den Ogier heraus-
geben soll:

3533 Signor, dist Kalles, mi chevalier membré,
    A Diu me claim et a trestos mes pers
    De Desier qui est rois coronés
    Et de Pavie tient les grans herités,
    Mes hom doit estre en droites ligetés,
    Mais il me porte mult male feütés
    Quant il sostiere mon anemi mortel,
3540 Ogier le duc qui mult a crualtés,
    Qui tant m'a fait crueus adversités,
    Mes homes mors, ocis et decopés.
    Mais par celui qui Dex est apelés,
    Mal le pensa, il en sera grevés:
    Je li ferai andeus les elx crever,
    Escorcier rif, puis le ferai saler,
    S'il ne me rent tot a ma volenté.

Ganz anders aber in der vorausgehenden laisse, die übrigens auch sonst unzweifelhafte spuren einer jüngeren entstehungszeit zeigt (vgl. u.): hier ist Ogier als sohn Gaufroys
und als geisel für den dänischen tribut dargestellt, ohne dass
sich jedoch der dichter mühe gegeben hätte, dies in irgend-
welche beziehung zum folgenden zu bringen (vgl. v. 3512 ff.
und v. 3517 ff.). Die tätigkeit des interpolierenden nachdichters
oder redactors liegt meines erachtens hier deutlich auf der hand.

Ganz ähnliches finden wir aber auch in der schon vorhin
besprochnen laisse 3533 ff. Nachdem Karl gesprochen, widerholt Naimes den auftrag an seinen sohn Bertran, nahezu mit
denselben worten, v. 3616 ff., nämlich Desier solle Ogier ge-

fangen und gebunden ausliefern. Darauf kommt wider ganz
plötzlich und unerwartet die tributgeschichte und der auftrag,
den tribut von Ogier einzutreiben:

3619 *Du duc Ogier l'iras araisoner,*
Coment ce va que il est si osés,
Ogier recete, si set de verités,
Au roi de France est anemis mortés
S'il ne li rent, il est descrités.

3624 *Li dus Ogier, che est la verités,*
Fu a Kallon en ostage remés.
Ganfrois ses peres, li viellars assotés,
Por le carage qui li fu demaudés,
Au roi Kallon le livra, c'est vertés,
Quatre deniers, qu'il devoit aporter

3630 *Nient d'argent, ains estoient d'or cler;*
Mais aine n'en volt a nul jor un doner:
Or les velt Kalles a Ogier demander,
Et vus por Kalle mult ben les requerrés.
Gardés, Bertran, qu'il n'i ait lasqueîés,

3635 *Que li messages ne soit tres ben contés.*

Man würde nicht das mindeste vermissen, wenn die ganze
stelle fehlte und auf v. 3623 sogleich v. 3634 folgte.

Ganz ebenso wie hier geht beides bei der bestellung der
botschaft in Pavia durcheinander. Zuerst erinnert Bertran den
Desier an seine verpflichtungen gegen Karl und fordert die
auslieferung Ogiers:

4141 *Qui tant l'a fait par maintes fois irier.*

Nachher entledigt er sich nochmals seiner botschaft in aller
form:

4225 *Entent a moi, rices rois Desier,*
Kalles te mande qui France a a baillier,
Viegnes a lui sans point de délaier
Si li menés le pongneor Ogier,
Cel grant, cel lонc, qui dejoste vos siet.

Aber erst, als er das viertemal anhebt (v. 4312 ff.), ist die rede von dem tribut Gaufroys: dieser sei gestorben, ob Ogier den tribut nun zahlen wolle; die berechtigung seiner forderungen wolle er durch einen zweikampf beweisen. Das passt zum vorhergehenden wie die faust aufs auge. Den besten beweis für die unursprünglichkeit des tributs finden wir in Ogiers antwort: weder in seiner ersten rede, v. 4366 ff., noch in seiner zweiten, v. 4392 ff., erwähnt er nur eine silbe von dem angeblichen tribut, vielmehr spricht er beidemale nur von seiner vertreibung aus Frankreich.

Schliefslich sei auch dies noch bemerkt, dass später, als Bertran zu Karl zurückkommt und bericht erstattet — wobei auch der tribut erwähnt wird — herzog Naimes widerum von dem tribut nichts weifs, vielmehr rät er Karl:

4814   Ce est merveilles, que ne vos porpensés
    Li vostre tors vos deüst ben mostrer
    De vostre euer adoucier et muer,
    De si prodome c'avés desherité.
    Mandés Ogier et merchi li criés
    Et ses honors et ses fies li rendés.

Die anspielungen auf den tribut beruhen also auf späteren zusätzen. Was aber aufserdem von Ogiers beziehung zu Dänemark gesagt wird, beschränkt sich auf Bertrans ausfall gegen die Dänen, die sich in sarsche kleiden und in den fäusten die dänische axt tragen (v. 4300 ff.), und darauf, dass Ogier öfter ‚*Danois, Danois d'outre mer, fil Gaufroi*‘ genannt wird: d. h. die beziehung ist überhaupt sehr vag und beruht lediglich auf der erfindung von tribut und geiselschaft. Woher aber stammt diese? Zweifellos aus der 1. branche: hier ist sie völlig am platze, für die handlung notwendig, kurz, hier ist sie originell. Was 4326—29 erzählt wird, ist deutlich aus der einleitung der I. branche hergeholt. Erst der redactor der Ch. O. hat, um die beziehung zwischen den verschiedenen teilen herzustellen, die dänische herkunft auch in unser gedicht hineingetragen, bald neue parallellaissen hinzudichtend, bald die alten interpolierend.

Aber auch wenn wir diese jüngsten zutaten abrechnen, erhalten wir noch keine widerspruchslose darstellung. Als grund für die vertreibung Ogiers wird meist die ermordung von des königs neffen Loihier durch Ogier angegeben (v 3517 ff., 4318 ff.) und unser gedicht somit in beziehung zur II. branche, zur episode vom schachspiel, gesetzt; auch Ogier selbst bezieht sich mehrfach auf den durch Callot herbeigeführten tod seines sohnes Bauduinet (v. 4196 ff., 4408 ff.). Aber auch diese verbindung ist unursprünglich: es wird später gezeigt werden, dass die schachgeschichte von haus aus ein gedicht für sich bildete; ferner aber steht das ganze auch in widerspruch zu einer älteren tradition, welche an einer stelle in Ogiers antwort an Bertran noch durchblickt. V. 4392 ff. nämlich beklagt sich Ogier über Karl, der ihn aus Frankreich vertrieben, bricht dann ab und erzählt den tod seines sohnes Bauduinet, und fährt dann fort:

> 4423 *J'en afui a cest roi Desier,*
> *Passai Mongieu por ma vie alonger;*
> *S'en amenai Loeys et Loihier,*
> *Ces deux enfans petis a alaitier,*
> *Qu'il voloit faire ocire et detrancher.*
> *A Pentecoste les ferons chevaliers.*
> *Encor volront vostre roi gerroier.*

Man darf mit G. Paris[1] unbedenklich annehmen, dass unter Loeys und Loihier die unmündigen söhne Karlmanns zu verstehen sind. Der ursprüngliche sachverhalt war also im gedicht derselbe wie in der geschichte: Ogiers anhänglichkeit an Karlmanns familie, seine hieraus resultierende feindschaft gegen Karl gab den anstofs zu seiner flucht nach Pavia und nachher für Karl den anlass zu Bertrans botschaft. Es mag darauf hingewiesen sein, dafs mehrere stellen sich noch auf diese alte tradition beziehen lassen, wo nicht von Bauduinet und Callot, sondern nur von der feindschaft zwischen Karl und Ogier die

---

1) Hist. poét. s. 308.

rede ist: so die oben citierten stellen 3533 ff., 3616—23, sowie die worte Ogiers zu Bertran v. 4382 ff.:

Il m'a cachié de France la garnie
Desherité et ma terre saisie.
Assés m'a fait anui et vilenie,
Or me requiert par sa grant legerie.

Neben dieser geschichtlichen tradition ist aber die schachscene als ursache der vertreibung Ogiers ein völlig fremdes moment. Ja, in der angezognen laisse selbst kann man das letztere als interpolation noch leicht erkennen: 4403 ff. wird Ogier verjagt, 4406 f. ist er schon auf dem wege, 4423 flieht er zu Desier; dazwischen schiebt sich, ganz unvermittelt und den zusammenhang unterbrechend, v. 4408—22, die andere version von seiner vertreibung ein.

Aber ich glaube nicht, dass erst der letzte redactor die beziehung zwischen der II. und III. branche hergestellt hat: dieselbe ist doch so eng, dass sie die alte tradition beinahe verwischt hat und für ursprünglich gelten würde, wenn uns nicht zufällig jene merkwürdige stelle erhalten geblieben wäre. Auch kann nicht derselbe dichter, welcher die beziehung auf Bauduinet hineinbrachte, auch die dem widersprechenden interpolationen über Ogiers beziehungen zu Dänemark gemacht haben. Die beiden gedichte werden also schon vor der gesamtredaction durch einen redactor im kleinen vereint worden sein.

Abgesehn von diesen durchgehenden verschiedenheiten beweisen noch zahlreiche einzelheiten für mehrere schichten in der überlieferung. So hält der einleitung zufolge (v. 3482) Karl hof zu Paris; diese stadt aber ist erst seit den Capetingern hauptstadt des reichs, unter den letzten Karolingern, in der mitte des 10. jhs., war es Laon.[1] Und Laon gilt als hauptstadt auch in der älteren tradition unseres gedichts, was

---

1) Über die verschiedenen residenzen Karls in den afr. epen vgl. Huber, Neue Jen. Literaturzeitg. 1844, s. 395 f. — G. Paris, Hist. poét. s. 368. — Gautier, Épop. fr. III², s. 126.

durch ein versehn des überarbeiters deutlich wird. In Paris
ist der einleitung zufolge Karls hofhaltung, von hier aus macht
sich Bertran auf die botschaft, sein vater Naimes begleitet ihn
ein stück und als er den sohn verlassen, kehrt er zurück —
nach Laon! Auch Bertran selbst kehrt, v. 4755, nach Laon
zurück, wo nur die hs. A Paris dafür eingesetzt hat. Auch
das aufgebot sammelt sich in Laon, v. 4839—42. Die einleitung der branche stammt also von einem überarbeiter späterer zeit, der aber vergessen, auch die anderen bzgl. stellen
umzuändern. Für die älteste erschliessbare vorstufe unseres
gedichts aber würde sich aus der erwähnung von Laon als
vermutliche entstehungszeit noch das 10. jh. ergeben, wenn
man nicht annehmen will, dass solche namen in der epischen
poesie traditionell waren und noch lange nachher gebraucht
wurden, als sie schon nicht mehr den tatsächlichen verhält-
nissen entsprachen.

Der älteren tradition gemäfs ist es ferner, dass Karls
sohn Callot in unserem gedichte keine rolle spielt: seine anwesenheit in der Ch. O. verdankt er nur dem gedicht vom
schachspiel und den Enfances Ogier. Alt scheint ferner auch
die scene zwischen Bertran und Ogier, wo dieser von jenem
als portier Karls verhöhnt wird:

4233 „A Ogier ert rendus li siens mestiers
    Des huis garder et de restre portiers.
    Nus ne pooit aler au roi plaidier,
    Tant fust haus hom et de parage fier,
    Que li Danois ne li botast arier.
    Mult en rechut et argent et or mier,
    Nus n'i entroit qu'il n'en eüst loier."

4240 De tel parole se vergonda Ogier:
    „Certes, Bertran, mout avés dit pecié:
    Or quideront cil baron chevalier,
    C'onques en France n'eüsse autre mestier
    Ne mais a estre ou uissier ou portier,
    Ou desevreres de terres et de fiés.
    Mostrerai-vos c'onques n'en euc denier."

4*

Das ganze muss sich auf etwas beziehen, was im jetzigen gedicht nicht mehr vorhanden ist. Es scheint darauf zu deuten, dass Ogier in einer früheren zeit eine hohe und einflussreiche stellung bei Karl eingenommen.[1]

Anderes kennzeichnet sich als späterer zusatz, als interpolation. Dies muss für sicher gelten von dem abenteuer, welches Bertran in Dijon erlebt (v. 3729—3992). Bereits Paulin Paris[2] bemerkt, dass das stück an zahl und eleganz der reime gegen das übrige absticht und interpoliert sein muss. Freilich enthält auch schon der übrige teil des gedichts mehr reime als assonanzen. Die durchschnittszahl der reime in der ganzen branche beträgt 79 % gegenüber den assonanzen, der durchschnitt in den 249 versen der einleitung bis zur episode in Dijon 64 %. Aber darüber geht das besagte stück mit 94 % reimen noch weit hinaus. Dazu kommt, dass die erzählung den ganzen verlauf unterbricht und die botschaft Bertrans, die ohnehin nur von vorbereitender bedeutung ist, nur noch mehr verlängert. Was aber die interpolation noch wahrscheinlicher macht, ist dies, dass die verse nach der episode auf denselben assonanzvocal, *ie,* weiter reimen, wie die letzte laisse vor der episode: mitten in eine laisse also hat der interpolator das stück eingeschoben. Geradezu evident wird aber die interpolation dadurch, dass das gedicht nachher sogar genau mit denselben worten und versen fortführt, mit denen es vor der episode schliefst:

3725 *Namles retorne a Mont-Loon arier*
Et Bertrans oirre le grant chemin plenier
Come li hons qui n'avoit que targier.
Parmi Borgoigne comenche a chevalier,
Dusqu'a Digon ne se vait atargier,
3730 *Son esquier en prist a araisnier . . .*

---

1) Eine ganz ähnliche vorstellung von Ogiers früherem verhältnis zu Karl auch beim Mönch von St. Gallen a. a. o.: *Atque retulit extimescens Otkerus, rerum et apparatus incomparabilis Karoli quondam expertus, et in meliori tempore assuetissimus.* Die vorstellung beruht wohl auf einer vermischung von Karl und Karlmann. — 2) Hist. litt. XXII, 646.

Folgt die Dijonepisode . . .

5990 *Bertrans se lieve, rail soi apparillier,*
Ben le convoient cinquante chevalier
Por les borgois qui ne l'ont gaires chier.
Bertrans entra en son chemin plenier
Comme li hom qui n'aroit qu'atargier
5995 *Parmi Borgoigne prisait a chevalchier.*
Les mons passa qui mult l'ont travillié . . .

Einen verdächtigen eindruck macht auch die episode 4600
bis 4750, wo Bertran dem könig Desier ein pferd stiehlt: die
handlung entspricht wenig den sonstigen vorstellungen vom
rittertum, und ist hier bei einem gesandten und noch dazu
bei Bertran, der im übrigen einen durchaus edeln und ritter-
lichen character vorstellt, noch weniger am platze. Formelle
gründe lassen sich freilich für die annahme einer interpolation
nicht geltend machen.

Mit mehr sicherheit möchte ich das anerbieten des herzog
Naimes, als gesandter nach Pavia zu gehn, als spätere erfindung betrachten (v. 3571 ff.). Die scene erinnert lebhaft an
Roland, v. 244 ff., wo Naimes sich zum gesandten nach Sarra-
gossa erbietet, von Karl aber mit ähnlicher motivierung wie
hier abgelehnt wird; vielleicht ist die episode im Ogier von
dorther geholt. Hier hat sie jedenfalls einen auffälligen widerspruch zur folge, denn während Naimes zu Karl sagt:

3579 *Encor puis ben chevalcher et errer;*
Icest message doi-je ben acïever —

stimmt dazu wenig, was er unmittelbar darauf zu Bertran
spricht:

3601 *Mais or sui vieus et kenus et berbes,*
Ne puis mais preu chevalcher ne errer,
Baillier mes armes ne mon escu porter.

Ob nun diese einschiebsel dem älteren oder dem jüngeren
überarbeiter zuzuschreiben sind, lässt sich im einzelnen nicht
bestimmen. Auch dürfen wir glauben, dass diese interpolationen, wo die secundäre entstehung für uns auf der hand

liegt, nicht die einzigen fälle sind: im einzelnen gehört gewiss noch vieles andere den jüngeren schichten an. Das wird sich aber um so weniger constatieren lassen, als der jeweilige überarbeiter sich nicht damit begnügt hat, neben die alten laissen seine neuen zu stellen oder die alten durch neue zu ersetzen, sondern auch in den alten laissen selbst kleine einschübe gemacht, veränderungen vorgenommen, einzelnes gestrichen hat: oft genug findet sich in einer laisse altes und neues nebeneinander und lässt sich nicht mehr streng scheiden.

Fassen wir zusammen, was sich aus dem vorausgehenden für die älteren stadien der III. branche ergeben hat, so ist es dies: Vermutlich schon im 10. jahrhundert existierte ein lied, welches noch in ziemlich engem anschluss an die geschichte den Langobardenkrieg und Ogiers heldentaten darin besang. Ob dies das originalgedicht oder seinerseits wider überarbeitung eines älteren gedichts war, lässt sich nicht entscheiden. Später wurde das besagte gedicht mit dem lied über den tragischen tod von Ogiers sohn in verbindung gebracht und daraus namentlich eine neue motivierung für die feindschaft zwischen Karl und Ogier entlehnt. Schliesslich hat der redactor der überlieferten Chevalerie Ogier das so umgestaltete gedicht mit den übrigen Ogierliedern vereinigt und namentlich die unhistorische und dem alten gedicht fremde beziehung zu Dänemark, zu könig Gaufroy und dessen angeblichem tribut an Karl, hinzugefügt.

V. Capitel.

Die belagerung von Castelfort.

Nach dem unglücklichen kampfe bei den klausen verliefs Autcharius den Desiderius und ging nach Verona. Diese stadt, welche für aufserordentlich fest galt, wurde von des Desiderius sohn und mitregenten Adelchis wahrscheinlich bis zuletzt gehalten. Als er der übermacht weichen musste, ergriff er die flucht und bestieg ein schiff, das ihn fort nach Constantinopel führte. Das scheinen mir die drei historischen momente, welche den branchen über die belagerung von Castelfort zu grunde liegen.

Diese erklärung mag auf den ersten blick überraschen, aber sie entspricht doch am besten den geschichtlichen vorgängen. Das ganze für erfindung der dichtung zu halten, ist nicht angebracht, wo geschichtliche beziehungen nicht fern liegen, und diese widerum treten um so mehr hervor, je mehr man sich bemüht, aus dem inhalt der überlieferten 3000 verse möglichst den alten kern herauszuschälen. Und hierbei ergiebt sich, wie wir nachher sehen werden, dass die ganze handlung sich auf italischem boden abspielt: hiermit ist schon die anknüpfung an den Langobardenkrieg gegeben. Der belagerte ort ist freilich nicht mehr Verona: der dichter versetzt seinen helden nach einem phantasieschloss Castelfort in Toscana. Aber es verdient doch hervorgehoben zu werden, dass Verona mehrfach ausdrücklich als starke festung bezeichnet wird: die vita Hadriani I. sagt: „*Adelgisus ... in civitatem quae Verona nuncupatur pro eo quod fortissima prae omnibus civitatibus Langobardorum esse videretur ingressus est*"[1] — so mag vielleicht der name Castelfort weniger eine dichterische willkür als vielmehr ein ausfluss der sage sein.

Von Autcharius selbst ist freilich aus Verona nicht viel rühmliches zu berichten. Um so begreiflicher erscheint es, wenn die sage zu fremden motiven gegriffen, um ihren helden zu verherrlichen. Und dafür lag das schicksal des Adelchis nahe genug, und manches spricht dafür, dass beider personen in der sage ineinander aufgegangen sind. Schon bei besprechung des gedichts vom Langobardenkrieg haben wir die wahrnehmung gemacht, dass hier, entgegen der geschichte, Adelchis keine rolle spielt, ja nicht einmal erwähnt wird: die stellung, die ihm als mitregenten gebührte, nimmt tatsächlich Ogier

---

1) Bouquet, V, 460. — Ähnlich der lombardische fortsetzer des Paulus Diaconus (Mon. Germ., SS. Langobardorum s. 218): *Erat enim fortissima et inexpugnabilis pre omnibus civitatibus Lombardie.*

ein.[1] Das pendant dazu haben wir in der langobardischen überlieferung, wie sie in der Novaleser chronik erhalten ist: hier ist
Autcharius ignoriert und Adelchis der held des langobardischen
dramas. Die sage kann zwei gleichwertige helden nebeneinan-
ander nicht brauchen: sie nimmt dem einen, was sie dem anderen giebt. Und gerade für unseren gegenstand lag die ver-
wechslung resp. vermischung beider um so näher, als sie zum
teil gemeinsames schicksal hatten. Ob, wie Autcharius, auch
Adelchis an dem kampf bei den klausen teilnahm, ist nicht
überliefert, lässt sich aber vermuten; nachher jedoch gingen
beide — was wir sicher wissen und was wichtiger ist — zusammen nach Verona. Ein besonderes gewicht aber möchte
ich schliefslich noch auf die sachliche übereinstimmung zwischen
dem schicksal des geschichtlichen Adelchis und des Ogier der
dichtung legen: wie jener Verona verlässt, den Franken glücklich entkommt und ein rettendes schiff besteigt, so flieht Ogier
nach der aufgabe von Castelfort weiter und entrinnt Karl, indem er ein schiff gewinnt, so dass dieser betrübt ohne Ogier
heimkehren muss. Und wenn eine späte nachricht[2] meldet,
Adelchis sei in Pisa zu schiff gegangen, so mag man dies der
übrigen umstände wegen als echt historisch wohl anzweifeln,
dafür aber doch als ein zeugnis der sagenbildung annehmen:
auch Ogier bewerkstelligt seine flucht an der toskanischen küste.
Vielleicht hat gerade dieser umstand dazu beigetragen, den
schauplatz von Verona nach Toscana zu verlegen.[3]

---

1) Vgl. br. II, v. 3416:

Tole ma terre vos bail a justichier
Si comandes, on fera volentiers
Et en bataille seres gonfanoniers.

2) Pauli Diac. contin. Rom. (SS. Langobardornm s. 201): *Qui tanti
regis adventum metuens, post aliquos dies clam fugiens, in portu Pisano
navalem iter arripiens, Constantinopolim non reversurus migravit.*

3) Wie wenig übrigens in der sagenhaften und dichterischen über-
lieferung auf eine solche ortsveränderung ankommt, zeigt der bericht des
Mönchs von St. Gallen, wo Otker in Pavia weilt. Ähnlich lässt die von
G. Paris (Hist. poét. s. 483) citierte chronik Ogier erst eine belagerung in
Pavia aushalten, ehe er nach Castelfort geht.

Alles in allem sehen wir dem vorigen gedicht gegenüber hier schon eine ziemlich getrübte überlieferung oder auch eine grosse dichterische freiheit. Das lässt vermuten, dass die zu grunde liegende dichtung vielleicht in etwas späterer zeit, jedenfalls aber unabhängig von dem ersten gedicht entstanden ist. Von den Langobarden ist gar nicht mehr die rede, der zusammenhang mit dem Langobardenkrieg ganz vergessen. Die kluft zwischen der III. und IV. branche, durch die erzählung vom tod des Amis und Amiles nur notdürftig überbrückt, weist weniger auf organischen zusammenhang als auf spätere mechanische zusammenfügung. Ganz abgesehen von einzelheiten, wie z. b. dass dort Plaisence (Piacenza) häufig erwähnt wird — 4435 ff. *Berron, nés de Plaisence,* 4502 ff. *Aymers, nés de Plaisence* — hier aber, in einer anscheinend alten laisse, v. 8497 ff., erst gegründet wird. Selbständig ist unser gedicht auch gegenüber den folgenden branchen VIII — XII, wenn auch der redactor durch die gefangennahme Ogiers durch Turpin die verbindung herzustellen gesucht hat. Mit Ogiers glücklichem entkommen ist die erzählung — auch der geschichte entsprechend — zu ende, Karl kehrt heim und verzichtet darauf, Ogiers habhaft zu werden. Wenn nun Ogier doch noch gefangen wird, so kann das nicht der schluss des alten, sondern nur der anfang eines neuen gedichtes sein: die ganze belagerung Castelforts ist zur verherrlichung Ogiers gedichtet und kann nicht mit einer kläglichen gefangenschaft geendet haben.

Ich habe oben behauptet, dass der schauplatz der handlung in Italien, in Toscana zu suchen sei. Das ist jedoch nicht die ansicht früherer forscher. Barrois[1] fand südlich von Paris, nicht weit von einander liegend, drei alte burgruinen mit namen Chateaufort, Chevreuse und Gaillardon (= Castelfort, Mont-Quevrel und Garlandon) und verlegte daher die ganze scene nach Frankreich. Ihm stimmte auch August Rothe[2] bei. Hin-

---

1) Barrois, Élements Carlovingiens linguistiques et littéraires. Paris 1840. s. 269 ff.
2) L. A. Rothe, Undersøgelser om Holger Danske, s. 63 ff.

gegen glaubte G. Paris[1] Ogiers schloss in einem Pierre-Châtel
an der Rhone widerzuerkennen, weil im gedicht selbst Castelfort mehrfach als ,desus le Rosne' liegend bezeichnet wird.
Mit Gaillardon = Garlandon mag Barrois vielleicht recht haben:
dieser ort gehört in den krieg, der in br. II erzählt wird und
tatsächlich in Frankreich spielt. Aber er geht zu weit, wenn
er ohne weiteres Mont-Quevrel mit Chevreuse identificiert, wenn
er überall in den ruinen die genaue beschreibung der burgen
der dichtung widerfindet, und mit der erklärung, wie der Langobardenkönig Desiderius dazu kommt, fränkische schlösser bei
Paris zu verschenken, wird er bei den historikern wohl wenig
beifall gefunden haben. Ein name wie Castelfort ist ausserdem
zu allgemein, als dass man an wirklich vorhandene schlösser
dieses namens ohne weiteres anknüpfen dürfte, wenn nicht
anderes noch dafür spricht. Und ferner müssen wir auch bedenken, dass wir auf dem boden der dichtung stehn: die ereignisse entlehnt sie aus der geschichte, aber die näheren umstände,
die einzelheiten, und darunter vielfach die namen, erfindet sie
selbst. Um zu erfahren, wo wir den schauplatz der handlung
zu suchen haben, müssen wir erforschen, wo, in welcher richtung, in welcher umgebung sich die dichtung denselben vorstellt: und dazu finden sich allerdings einige anhaltspunkte.

Auf den richtigen weg kommen wir, wenn wir die beschreibung von Ogiers flucht verfolgen.[2] Die schlacht fand
bei *St. Aiose* statt: wir kennen diesen ort nicht (S. Agate?),
aber er ist ganz zweifellos jenseits der Alpen, in der Lombardei
gedacht. Von hier flieht Ogier[3] über *Callaie (Carlaie), Tra-
mans (Travalx), Mortres (Mortiers), Vergelune* nach *Pavie*,
also landeinwärts durch die Lombardei, und zwar links des Po,
wie die erwähnung von Mortiers (Mortara) zeigt. Dann gehts
weiter ,*Selone Cessor ... C'est une vile, ou il n'a gué ne bies*';

---

1) Hist. poét. s. 309, anm. 2.
2) Vgl. hierzu Spruner-Mencke, Historischer Hand-Atlas, Karte no. 22
(Italien vom anfang des 10. jahrh. bis 1173), sowie Amati, Dizionario coro-
graphico dell' Italia.
3) Vgl. v. 5848 ff.

Cessor selbst finde ich auf der karte nicht, aber die erwähnung des furtlosen wassers lässt schliessen, dass Ogier hier den Po überschritten. In der tat finden wir ihn nachher auf dem rechten Poufer: *Fonteneles* und *St. Domin* sind deutlich widerzuerkennen in Fontana und Burgus Sti. Domini (jetzt Borgo San Donnino), welche auf der linie von Piacenza nach Parma liegen. Hier trifft Ogier Amis und Amiles, die von Rom kommen und nachher nach Mortara geschafft werden. Also auch hier befinden wir uns in der südlichen Lombardei, nirgends eine andeutung, dass Ogier über die Alpen nach der Provence oder nach Frankreich gegangen wäre, und Rothe hat wohl recht, wenn er sagt: ,For at finde Sikkerhed i sine Slotte ved Rhonen, er det en forunderlig Omvei, fra Pavia forst ad vende sig imod Rom.' Die weiterfolgenden städtenamen[1] sind nicht sämtlich nachzuweisen, mögen wohl auch z. t. vom dichter erfunden oder verändert sein: *Maradan (Maridant)* bei *Casteron*, *Pennuble (Pamuble)*, *Forniel (Pornel)*, *Pontranble*, *Guillet*, *Piervoi*, *Cerchamble*, *Malchitra*. Was aber hiervon nachweisbar ist, zeigt nach der Lombardei und Toscana: Fornio, Pontremoli. Schliesslich kommt Ogier in die nähe von *Lun*: nach der bisherigen route kann dies nichts anderes sein als Luna (Luni) an der küste von Etrurien, südwärts von dem heutigen Spezzia. Nach dem intermezzo im schloss geht es über *Brasemon*[2] nach *Castelfort*, in dessen nähe *Mont-Querrel* liegt. Dass wir uns wirklich hiermit in Toscana befinden, zeigt auch der ausgang des gedichts, wo Ogier über *Mont-Cevroel*, den *Cereclefluss*, *Stc. Marie* nach *St. Garillant* flieht[3] und hier ein schiff besteigt: er muss also in der nähe des meeres sich befinden, und dass darunter das tyrrhenische zu verstehen ist, zeigt v. 9078 die erwähnung des ,*reu de Luques*', das nach Lucca in Toscana gehört.

---

1) Vgl. v. 5965 ff.

2) Vgl. v. 6443 ff. Die lesart von A ,Besenchon' kann nur eine eutstellung sein.

3) Vgl. v. 9002 ff.

Zum überfluss haben wir noch ein directes zeugnis in der laisse 8497 ff., die durch ihre kürze und ihre assonanzen einen altertümlichen eindruck macht:

Tant fist li rois au castel en Toscaigne
Desus le Rosne, dejoste la montaigne…

Die stelle zeigt zugleich, dass der *Rosne* ebenfalls in Toscana zu suchen ist und mit der Rhone nichts zu tun hat. Der name ist vermutlich, wie Castelfort, erfindung des dichters.

Wenn sich so der schauplatz des alten gedichts noch sicher feststellen lässt, so ist doch der ursprüngliche inhalt nur schwer noch zu erkennen. Unser gedicht trägt deutliche spuren der überarbeitung: widerholungen, widersprüche, unmotivierte episoden sind sehr häufig, und wenn es uns auch gelingt, die umfangreicheren späteren zusätze auszuscheiden, so wissen wir daraus doch noch nicht, wie viel altes der, resp. die überarbeiter dafür weggelassen.

Namentlich in der ersten hälfte, in branche IV, scheint mir wenig altes erhalten. V. 6650 ff. wird uns Castelfort beschrieben, und darin immer nur von einem Castell geredet — dem aber widerspricht es, wenn nachher von einem ganzen ort (*vile* v. 7255. 8602) und von strafsen (v. 7765) darin die rede ist. V. 6751 ff. wird die burg durch griechisches feuer verbrannt, ausgenommen der turm — darauf ist aber später gar keine rücksicht genommen. Diese widersprüche sind nun glücklich gelöst, nachdem Reimann[1] die übereinstimmung zwischen der schilderung von Castelfort und der belagerung von Gironville im Girbert de Mes hervorgehoben und Heusler[2] dieselbe durch vergleich des Ogier mit den hss. des Girbert de Mes näher bestimmt hat. Zwei ganze stellen, v. 6637-6870 und v. 7084-7208, sind von dort herübergenommen, im ganzen also 359 verse, welche die schilderung von Castelfort, den anfang der belagerung mit kriegsmaschinen und griechischem feuer, den anfang des ersten ausfalls und den schluss des zweiten erzählen.

---

1) Ausgaben und Abhandlungen III, 96.
2) Ausg. u. Abh. LXXII, 68 ff.

Diese interpolation ist für die weitere gestaltung des
gedichts sehr folgenreich gewesen. Zunächst darf man wohl
den schluss ziehen, dass auch das zwischenliegende stück,
v. 6871-7083, späterer zusatz, und zwar des betr. interpolators
ist. Denn das stück ist für sich gar nichts, es enthält den
schluss des vorausgehenden und den anfang des folgenden und
ist also nur im zusammenhang mit den interpolierten stellen
denkbar. In diesem stück nun, wie in der zweiten interpolation, spielt Gui die hauptrolle, welcher wohl nur dem Hernaut
de Poitevin aus Girbert de Mes nachgebildet ist: die person
Guis und was von ihm erzählt wird, fällt somit vermutlich
dem interpolator zu. Unverkennbar aber ist widerum der
parallelismus zwischen Gui auf Ogiers seite und Loeys auf Karls
seite, und somit beider abhängigkeit von einander; es folgen
sich nämlich:

1. Ankunft vor Castelfort und kampf.
2. Erste interpolation aus Girbert.

3. Benoits bruder Gui zum ritter geschl.	6. Callots bruder Loeïs zum ritter geschl.
4. Zweite interp. (Guis tapfer-keit).	7. Kampf zwischen Gui und Loeïs.
5. Rückzug und kampfpause.	8. Guis kampf gegen Callot und Loeïs, sein tod.

Gui verdankt dem Hernaut de Poitevin seine existenz,
und dem Gui wieder Loeïs die seine. Die ganze zweite hälfte
der branche beinahe, v. 6637—7208 und v. 7272—7810 ist
interpolation oder machwerk eines überarbeiters. Alt ist nur
etwa die dazwischen liegende stelle von v. 7209—7271, welche
sich gegen ihre umgebung durch kurze laissen auszeichnet und
Ogiers rückzug schildert: sie berührt sich inhaltlich sehr eng
mit dem v. 6611 ff. geschilderten kampf bei Ogiers ankunft vor
der burg und schloss ursprünglich jedenfalls direct an diesen
an. Das geht noch deutlich aus der zweiten stelle hervor, wo
Karl mit seinen führern herausgeht, um die lage der stadt zu
recognoscieren:

7255 *La vile esgardent, de quel part l'asalront.*
Das hat keinen sinn, wenn schon lange belagerungskämpfe um
die stadt geführt worden sind. Man vergleiche ferner noch
Ogiers situation an beiden stellen:

v. 6635 *Ogiers en monte sus en la tor quarree,*
  Et l'ost se loge contreval a la pree.

v. 7245 *Or fu Ogiers lasus en son dongon*
  Es prés vit tendre maint rice pavillon.

Mir scheint also kein zweifel darüber, dass in dem älteren
gedichte die zweite hälfte der IV. branche noch keinen platz
hatte. In diesen teil fallen aber auch die wichtigsten waffen-
taten Bencoits, des freundes Ogiers, in der V. branche wird
nur noch sein tod erzählt. So wird auch für diese figur frag-
lich, ob sie dem alten gedicht angehört hat. Geschichtlich ist
Bencoit nicht; der alten tradition gehört er, scheint es, auch
nicht an, denn was über sein verhältnis zu Berron gesagt wird,
ist dem gedicht vom Langobardenkrieg nicht im mindesten bekannt; seine taten sind zum grofsen teil dem Gerin im Girbert
von Metz entliehen. Sein name aber und sein verhältnis zu
Ogier entstammt einer ganz anderen quelle: der legende über
die Conversio Othgerii militis et Benedicti. Das verhältnis
kann nicht umgekehrt sein: denn in nichts verrät die Conversio
kenntnis unserer Chevalerie Ogier oder einer ähnlichen chanson
de geste, in ihr ist Benedict originell, wie auch das grab-
denkmal zeigt. Wir haben hier also eine übertragung aus
der klosterlegende des Faronischen Othger auf die weltliche
dichtung von dem helden des Langobardenkrieges zu constatieren. Diese übertragung aber resp. vermischung möchte ich
aus den angegebenen gründen erst einer späteren zeit, nicht
dem originalgedicht über Castelfort zuweisen.

Eine zweifellose störung des ursprünglichen sachverhalts
haben wir ferner in der VI. und VII. branche in dem attentat
Ogiers auf Callot. Bereits O. Dietrich[1] hat auf die zahlreichen

1) Romanische Forschungen I, 45—47 (Ueber die widerholungen in
den altfranz. Ch. d. g.).

widersprüche in dieser episode hingewiesen und daraus mit
recht die schlussfolgerung gezogen, dass das attentat ursprünglich auf Karl selbst beabsichtigt war. Die episode schliesst an
die schon mehrfach citierte alte laisse 8497 ff. an: Ogier sitzt
auf einem stein, klagt über hunger und beschliesst Karl zu
töten. In der nächsten tirade, v. 8532 ff., rüstet er sich, redet
mit seinem ross Broiefort, verlässt das schloss und schwört im
angesichte des fränkischen heeres, in dieser nacht noch Karl in
seinem zelte zu ermorden. Bis hieher ist alles glatt, man erwartet, dass Ogier nun seinen plan ausführen wird. Statt
dessen wird er in der nächsten laisse wider in die eingangssituation zurückversetzt:

> v. 8614 *Ogiers s'asist sor un peron de marbre.*
> = 8517 *Li dus s'asist sus un peron de marbre.*

Und jetzt auf einmal erklärt er, Callot töten zu wollen,
weil ihm dieser seinen sohn Bauduinet erschlagen. Von nun
an handelt es sich nur noch um die ermordung Callots, aber
fortwährend blickt das alte sachverhältnis noch durch, so dass
eine beständige kreuzung der beiden vorstellungen stattfindet.
So folgen v. 8634 ff. unmittelbar auf einander die verse:

8634 *Et jure Deu c'or ira au tref Kalle,*	= 8610 *Il jure Deu qui tot a a baillivr,*
	Qu'il ne lairoit por tot l'or desous ciel
	12 *Ne voist anuit au tref Kallon lancier.*
35 *Se Callot trow qi li a fait outrage,*	
Ocirra le, n'i ara garantage,	= 8613 *Si l'ocirra, s'il puet, a son espiel.*
Duel en prenira Kalles au fier corage.	

V. 8680, 8681 f., 8773 ff. haben die knappen Callot erzählt,
dass Ogier seine waffen, schwert und speer, beschaut hat. Das ist
aber nur ein lapsus des redactors, denn wo die knappen Ogier
belauschen, in den neuen laissen, v. 8614 ff., ist davon nicht die
rede, wohl aber in den alten stücken v. 8507 ff., wo jedoch
wider die knappen fehlen. Aliquando dormitat bonus interpolator! Um so besser können wir ihm nachkommen.

Ebenso gehn die ursachen, weshalb Ogier Karl resp. Callot
töten will, beständig durcheinander. Gegen Karl ist natürlich der
grund, dass er Ogier vertrieben und so lange in seinem schloss

belagert hat (v. 8519 ff.), gegen Callot, dass dieser seinen sohn
Bauduinet getötet. Nun wird aber der erste grund beständig
auf Callot übertragen, der somit Karls rolle mit übernimmt;
man vgl. v. 8624—30, 8745—61, 8814—15. Zuweilen versucht der überarbeiter, beide vorstellungen, von der ermordung
Karls und Callots, zu vereinen, so v. 8832 f.:

> De mon espiel te ferrai el costé.
> Tu ou tes peres ne me pues escaper.

Man vgl. auch noch v. 8684 f.:

> Et puis l'arés, che dist, desherité
> Vous et vous peres, Kalles li redoutés.

Die ganze unterredung Callots mit Ogier ist eingeschoben.
Nach v. 8599 ff. hat er das schloss schon verlassen, Callot aber
sucht ihn v. 8713 ff. im schlosse auf. U. s. w. An allen ecken
und enden stösst man auf widersprüche. Schliesslich fährt mit
v. 8959 ff. das gedicht mit Ogiers eindringen ins lager da fort,
wo es ihn v. 8613 verlassen. Man braucht nur überall Kallon
oder Kalles für Callot einzusetzen, um den ursprünglichen
sachverhalt herzustellen. Von v. 8990 an haben wir überhaupt
nur noch Karlstiraden: Karl leitet die ganze verfolgung, von
Callot ist gar nicht die rede, und als man ins lager zurück-
kehrt, heisst es:

> v. 9104 Kalles revint droit a son tref arier,
> Mott le trora derout et depecié;
> Esté i ot li bons Danois Ogiers.

Legen wir uns nun die frage vor, wie der überarbeiter
dazu kommt, Karl durch Callot zu ersetzen, so liegt die antwort nach den bisherigen ausführungen sehr nahe. Überall
wird die ermordung Callots als racheact für die ermordung
Bauduinets aufgefasst, von letzterer ist aber nur in verbindung
mit Callots ermordung, sonst nirgends die rede: erst durch die
verknüpfung des gedichts von Castelfort mit der schachspiel-
episode wurde also der überarbeiter darauf gebracht, Callot
einzuführen und, wenn auch sehr ungeschickt, an Karls stelle
zu setzen.

Ebenso wie beim gedicht vom Langobardenkrieg lässt sich der einfluss der I. branche auch hier nicht verkennen. Häufig wird Ogier *Danois* oder *de Danemarche* genannt; vielleicht ist auch die öftere bezeichnung als *palasin*[1] darauf zurückzuführen; nur selten, soviel ich sehe, nur v. 5980 f. und v. 8628, wird der tribut erwähnt. Aber auch hier ist die beziehung auf Dänemark nur sehr äuserlich aufgetragen und gewiss erst späteren ursprungs. Das zeigt am deutlichsten der vergleich zwischen den beiden tiraden v. 8368 ff. und v. 8421 ff. In der ersten wird erzählt, wie Ogier die bekannten holzritter verfertigt, mit panzer, helm und schwert ausrüstet, ihnen gute äxte in die hand giebt und wie die Franken sich über diesen unerwarteten succurs Ogiers wundern. Dasselbe wird in der zweiten, einer paralleltirade, nur weniger ausführlich, berichtet; hier aber heisst er plötzlich Ogier von Dänemark, in ihren händen tragen die holzfiguren dänische äxte, und die Franken rufen „*Cil Danois nus manacent.*" Die zweite tirade ist von jenem, welcher ein älteres gedicht mit den Enfances Ogier verband, hinzugedichtet.[2]

Im übrigen aber müssen wir vielfach darauf verzichten, das neuere genau vom alten zu sondern: auch da, wo widersprüche fehlen, die form einen unterschied nicht erkennen lässt, fremde muster nicht bekannt sind, ist recht wohl secundäre entstehung möglich. So wissen wir nicht, ob die erzählung von dem verrate Hardrés, des typischen verräters, hier originell oder erst nachträglich nach dem muster andrer epen eingeführt ist. Hingegen scheint die episode mit den holzrittern[3] altertümlich, wie überhaupt der zweite teil am meisten

---

1) Vgl. v. 7054. 7526. 7796. 7831.

2) Die Chevalerie Ogier bietet überhaupt für Gröbers interpolationstheorie (Die hsl. gestaltungen der Ch. d. g. Fierabras und ihre vorstufen, Leipzig 1869, s. 46 ff. 57 ff.; Zfr Ph. VI, 493 ff.) ein ergiebiges feld, wenn man z. b. Ogiers attentat auf Karl und Callot, Bertraus botschaft, Ogiers gefangenschaft etc. näher betrachtet.

3) Parallelen siehe bei Liebrecht, Zur Volkskunde, s. 76 ff., und Nyrop-Gorra, s. 166.

altes bewahrt zu haben scheint. Zwischen die Langobarden-
schlacht und Ogiers belagerung ist der tod von Amis und
Amiles eingeschoben. Dass diese beiden freunde in der schlacht
bei Mortaria (bei St. Aiose im Ogier) gefallen, weiss schon
die ,Vita Amici et Amelii carissimorum', aber der schluss
lautet anders.[1] Dass beide wieder zu sich kommen, dass Ogier
ihr mörder gewesen, scheint erfindung unseres dichters. Das
ganze ist wohl ein späterer einschub, die tradition über die
schlacht von Mortaria und die über die schlacht von St. Aiose,
wenn sie auch auf dasselbe historische factum zurückgehen,
haben sich ursprünglich unabhängig von einander entwickelt.

Im ganzen muss das alte gedicht sehr durchgreifende
veränderungen erfahren haben. Einen nach inhalt und form
im allgemeinen altertümlichen eindruck machen nur wenige
laissen; so v. 5966 ff., 6420 ff. — 6451, 7209 — 60, 8368 ff., 8497 ff.,
8991 ff. Die veränderungen und zusätze sind aber so zahlreich
und mannigfaltig, dass man diese wohl als das werk verschiedener persönlichkeiten ansehen darf. Ich glaube, dass auch dies
gedicht, bevor es in dem rahmen der Chevalerie platz fand,
mit anderen gedichten des cyclus, nämlich mit dem gedicht
vom Langobardenkrieg und mit dem von Banduinets tod, durch
einen älteren redactor vereint und so zum erstenmal überarbeitet wurde; eine zweite überarbeitung vollzog der gesamtredactor. Was im einzelnen diesem, was jenem zufällt, lässt
sich nicht scheiden, nur dass man die Callotepisode auf rechnung des ersten setzen könnte.

Als resultat der untersuchung möchte ich dies betrachten:
Den vier branchen IV—VII liegt zu grunde ein altes gedicht
über die belagerung von Castelfort, welches unabhängig von
dem vorigen gedicht entstand, aber mit zu den älteren gedichten
über Ogier gehört, weil es diesen in seiner historischen eigen-

---

1) Kölbing, Amis und Amiloun (Altengl. Bibl. II) s. CVIII—X. Die
afr. Chanson (hg. v. Conrad Hofmann. Erlangen 1852, s. 101. 2. Aufl. 1882)
sagt nur:

Parmi Mortiers ont lor voie tornée,
La lor prinst mans par bonne destinée.

schaft als gegner Karls darstellt und die hauptfacta aus der geschichte des Langobardenkrieges, z. t. den erlebnissen des Adelchis, entnimmt. Durch mehrfache interpolationen und überarbeitungen ist es sehr verändert und sehr erweitert worden. Vermutlich bildete es schon mit den gedichten von Bauduinets tod und vom Langobardenkrieg ein kleines ganzes, als es durch den gesamtredactor der Chevalerie einverleibt wurde.

VI. Capitel.

Das schachspiel.

Mit dem inhalt der II. branche verlassen wir den historischen boden völlig. In keiner geschichtsquelle wird uns überliefert, dass Autcharius oder ein mann ähnlichen namens einen sohn Bauduinet gehabt, der beim schachspiele von des königs sohn wäre erschlagen worden. An und für sich wäre ein derartiger vorgang keine historische unmöglichkeit: das zeigt das beispiel Alfons' VI. und des emirs Ibn-Ammar, welche von dem ausgange einer schachpartie die entscheidung über fortsetzung eines krieges abhängig machten.[1] Aber aus der französischen geschichte, und namentlich für unsere erzählung, die einen so tragischen verlauf nimmt, wird uns nichts ähnliches berichtet.

Das schachspielen ist ein beliebter zeitvertreib unserer helden, in der afr. wie in der mhd. literatur. Ähnliche scenen wie die unsere kehren im afr. volksepos unter wechselnden formen wieder. Characteristisch für dieselben ist immer der dabei ausbrechende streit, der meist zu tätlichkeiten ausartet. ¸*Saepe in medium convitia proferuntur, et ludus non in serium negotium nobilitatur, sed in rixam degenerat. O quot millia*

---

1) S. Dozy, Geschichte der Mauren in Spanien. Deutsch, Leipzig 1874. II, 332 ff.

animarum Orco transmissa sunt occasione illius ludi', sagt Alexander Neckam in dem capitel über das schachspiel, worauf er das beispiel Renauts von Montauban citiert.[1] Andere beispiele finden sich noch in Garin de Montglane, Charles le Chauve, Bastart de Bouillon, der Magussaga und im Roman de Renart.[2] Alle diese varianten stehn gewiss in zusammanhang untereinander und gehn vermutlich auf denselben urtypus zurück, den dann jeder dichter für seine zwecke beliebig ummodelte.

Wo nun dieser urtypus zu suchen ist, darüber sind die meinungen geteilt, und da sich objective beweise für das alter der einen oder der anderen form, also etwa eine feste chronologisierung der betr. originalgedichte, bei den mehrfachen überarbeitungen unserer chansons de geste nicht beibringen lassen, wird das urteil immer ein mehr oder weniger subjectives bleiben. In der hauptsache handelt es sich darum, ob die erzählung im Ogier oder im Renaut die ältere ist. Ich halte die Ogierepisode für älter. Dafür spricht schon der umstand, dass sie schon um die mitte des 12. jhs. als ganz selbständiges gedicht, nämlich bei Metellus von Tegernsee, auftritt. Dazu scheint sie mir auch die einfachste und natürlichste entwicklung zu bieten: der hochfahrende königssohn spielt schlecht und verliert, das muss der glückliche gewinner, der bastart Bauduinet, büfsen, und so erschlägt ihn Callot in seinem jähzorn. Es ist wohl nicht unwichtig, dass der erzürnte verlierer der im range höher stehende, der sieger der an rang und geburt geringere ist: Bauduinet ist bastart, desgleichen der Bastart von Bouillon, die Haimonskinder sind söhne eines vasallen, im ndl. Reinout von Montalbaen gelten sie sogar für bastarts, und Dieudonné in Karl dem Kahlen ist findelkind. So möchte man das ganze wohl als eine illustration des allge-

---

1) Alexander Neckam, De naturis rerum. Edit. by Ph. Wright (Rerum brit. med. aev. scriptores). London 1863. s. 326.

2) Hist. litt. XXII, 442; Gautier ²IV, 140 f. — Hist. litt. XXVI, 102 f. — Li Bastars de Buillon, p. p. Scheler. Paris 1877. v. 3851 ff. — Notices sur les Sagas de Magus et de Geirard, par F. A. Wulff. Lund 1874. Vgl. G. Paris, Romania IV, 475. — Renart, p. p. Martin, br. XVII, 275.

meinen gedankens betrachten: ‚Mit grossen herren ist nicht gut kirschen essen.‘ Aber das eigentlich charactcristische scheint mir im Ogier in der tiefen tragik zu liegen, dass der unschuldige sieger seinen gewinn mit dem leben büfsen muss.

Von diesem standpunkt aus kann ich die episode im Renaut nur für eine entstellung des ursprünglichen halten. Die tragik des Ogiertypus fehlt hier: bei dem ausbrechenden streit wird Renaut von Bertolais wohl beschimpft und geschlagen, aber nicht getötet, und der getötete ist schliesslich der beleidiger, des kaisers neffe, selbst. Das folgt aber nicht wie im Ogier, schlag auf schlag, im ersten jähzorn, sondern Renaut tötet Bertolais erst hinterher, nachdem ihm Karl die geforderte genugtuung verweigert hat: auch dies erscheint nur als eine abschwächung der anderen form. Das ganze scheint nur eine willkürliche ummodelung der Ogierepisode zu gunsten Renauts, der im interesse der weiteren handlung am leben bleiben musste.

Dem gegenüber sind die übrigen varianten von geringerem belang. Die episoden im Bastart von Bouillon und in Karl dem Kahlen kennzeichnen sich schon durch die zweifellos spätere entstehung der gedichte als abhängig von den früheren. Wie im Renaut wird hier der besiegte, resp. der beleidiger erschlagen. Bemerkenswert ist jedoch, dass hier (wie bei Metell von Tegernsee) an stelle der rache die verzeihung tritt. Unabhängiger stellt sich die episode im Garin von Montglane dar. Zwar geht es auch hier nicht ohne streit ab, aber das characteristische ist hier der hohe spieleinsatz — für Karl die krone, für Garin das leben — und das spiel endet nicht tragisch, da der besiegte sich resigniert in sein schicksal ergeben will und durch die grossmut des siegers beschämt wird. Das schachspiel erscheint hier nur als mittel zum zweck: Karl gedenkt sich dadurch Garins entledigen zu können; während dort der tod des einen partners nur eine zufällige folge des spiels ist. Eigentümlich ist dieser version ferner, dass Karl selbst die rolle eines spielers übernimmt. Der dichter des Garin mag also wohl die anregung zu der scene aus den älteren epen geschöpft haben, im übrigen aber hat er ziemlich unabhängig gearbeitet. Verwandtschaft mit diesem typus zeigt die Renautsage im ndl. Reinout und in der Magussaga. Auch die episode im Renart gehört in diese reihe: auch hier handelt es sich um den hohen einsatz, wobei die erzählung freilich stark ins burleske fällt.

Wenn ich so den Ogiertypus für den relativ altertümlichsten halte, so glaube ich doch nicht, dass uns in der gegenwärtigen darstellung die ursprüngliche form desselben bewahrt ist. In dem jetzigen zusammenhang motiviert die episode Ogiers flucht zu Desier; aber schon oben haben wir geschn, dass dies nicht die ursprüngliche motivierung ist, sondern erst durch spätere übertragung hereingebracht sein kann. Die episode stand also vermutlich zuerst ausserhalb des cyclus, bildete ein gedicht für sich. Den beweis hierfür finden wir ausserhalb Frankreichs, in mehreren überlieferungen des klosters Tegernsee, wo von dem sohne des bairischen grafen Otkar, des stifters von Tegernsee, ganz ähnliches erzählt wird wie von Ogiers sohn Bauduinet: nämlich in den ,Quirinalia' des Metellus[1] (um 1160), in der ,Passio S. Quirini ab Heinrico monacho dictata'[2] (gewöhnlich Wernheri Passio genannt), und in der ,Historia fundationis monasterii Tegernseensis'.[3]

Metellus erzählt uns von zwei brüdern, vornehmen herren, welche zu Pipins zeiten lebten und der sage nach mit ihm verwandt waren:

Adalbertus eis nomina sunt Occarius quoque,
Alter Bajarici jure comes praecipuus soli,
Burgundis alius belligero robore dux probus,

---

1) Canisius, Antiqua lectio. I. 1601. app. s. 35—184. bes. s. 69. — Thesaurus monumentorum eccl. et hist. sive H. Canisii lectiones antiquae … quibus praefationes etc. adjecit Jac. Basnage. Band III, teil II, s. 113—96, bes. s. 134 f.

2) Hg. v. Theodor Mayer, Archiv für Kunde österreichischer Geschichtsquellen 1849. II, s. 325 ff. — Dazu Wattenbach, Neues Archiv der Gesellschaft für ältere deutsche Geschichtskunde II, 397.

3) Pez, Thesaurus III, teil III, s. 474 ff.

Quem gens illa canens prisca vocat nunc Osigerinm.
Primates procerum consilii claribus intimis
Aulam corde tenent, sed manibus praelia digerunt
Coram rege duci: nempe tener filius extitit,
Urbanosque sales intra genus tum puer imbibit.
Huic ludo tabulae regis erat filius obvius,
Donec doctior hic obtinuit promptius aleam.
Rixam victus agit corde patris forte potentius
Et rocho jaculans mortiferae ..... adegerat.
Sublatum puerum consequitur mors properantior.

Der tote wird still begraben, ohne dass den beiden brüdern
mitteilung gemacht wird. Darauf werden sie an den hof ent-
boten, und vor den versammelten grossen legt der könig dem
nichts ahnenden vater die frage vor *,quid dent judicii jura
rei, quae refici nequit'*, worauf jener erwidert *'hoc, quidquid
erat, prorsus omittere.'* Die fürsten geben ihre zustimmung
zu erkennen, und nun erst offenbart der könig den brüdern
den unglücklichen hergang. Durch das eigene urteil gebunden
schwören sie, gegen den könig und die fürsten nichts feind-
liches zu unternehmen. So Metellus, wenig abweichend die
Passio Quirini, ähnlich auch die Historia fundationis.[1]

---

1) Ich schliesse mich Bursians meinung an, dass die Passio jünger
und erst nach den Quirinalia geschrieben ist. (S. Sitzungsberichte der
Münchener Acad. d. Wiss. 1873. Phil. hist. Klasse, s. 473 ff.). Aufser den
von Bursian beigebrachten gründen scheint mir noch die merkwürdige, zer-
dehnte form Osiger(i)um entscheidend, die doch wohl nur metrischen bedürf-
nissen ihre entstehung verdankte. — Ich bin ferner der ansicht, dass die
Historia fundationis, welche Pez ins 10. jh. setzte und auch Wattenbach
noch dem 11. jh. zuweist (Deutsche Geschichtsquellen ⁵II, 243) jünger als
die Quirinalia und die Passio ist. Von den hss. weist keine auf ein solch
hohes alter (vgl. Catalogus codicum manuscriptorum Bibl. Reg. Mon. III, 1.
Cod. lat. Bav. no. 1036. 1072. 1468. 1322. 1327). Inhaltlich unterscheidet
sie sich von jenen quellen nur dadurch, dass sie umständlicher erzählt und
moralisierende betrachtungen einschiebt. Die furcht Pipins vor der macht
der grafen sucht sie dadurch zu erklären, dass Pipin damals erst im beginn
der herrschaft stand und gerade damals die Langobarden Rom bedrängten;
ähnlich macht sie sich eine erklärung über die herkunft der burgundischen

Dieser bairische Otkar oder Occar, wie ihn Metell nennt, hat sowohl den Ogierforschern als auch den historikern, welche sich mit der geschichte des klosters Tegernsee beschäftigten, viel kopfzerbrechen verursacht. Es ist jener Otkar, dem Storm einen anteil an der sagenbildung von Ogier zuweist. Am ausführlichsten hat der herausgeber der Passio, Theodor Mayer, über den stifter von Tegernsee gehandelt, wo auch die untersuchungen der früheren forscher aufgeführt sind. Er vermutet — ohne die Ch. O. näher zu kennen — richtig zweierlei: erstens, dass zur zeit Karls d. Gr. zwei Otkare zu scheiden sind, deren einer der Tegernseensische; und zweitens über die schachscene, dass sie eine sage aus einem alten gedichte sei, welche dem bericht über Tegernsees entstehung adaptiert wurde. Gleichwohl hält er merkwürdiger weise an dem zusammenhang der Tegernseestifter mit Burgund fest, nennt sie burgundisch-fränkische grosse und sucht eine stiftung Otkars in Burgund.

Auf das richtige wäre Mayer gekommen, wenn er die beiden tatsachen combiniert hätte. Denn es ist ganz zweifellos, dass die angeblich burgundische herkunft der grafen mit der schachepisode in engstem zusammenhang steht: das ergiebt sich aus einer vergleichung der älteren mit den späteren Tegernseeer überlieferungen. In der ältesten legende von St. Quirin[1] — aus der ersten hälfte des IX. jhs. — lesen wir über die stiftung von Tegernsee folgendes: ..... *erant in provincia Noricorum duo germani fratres, Adalbertus et Otkarius, viri famosi atque laude inormes. Et erant eis praedia in pago australi juxta lacum Tegrinse una silva interveniente. Qui dum assiduarent ad piscium praedam, facti sunt, juxta quod dominus ad apostolos ait, piscatores hominum. Pro-*

besitzungen der grafen (s. o.). Beweisend für spätere entstehung ist mir, dass die wichtige stelle über das burgundische volkslied von Ogier, das ja ohne zweifel die quelle für Metell bildete, hier vollständig fehlt: wäre die Historia älter und somit quelle für die Quirinalia und die Passio, so wüsste man nicht, wie diese zu der kenntnis *,quem gens illa canens prisca vocat nunc Osigerium'* kämen.

1) Bei Mayer, a. a. O. s. 294.

spicientes juxta lacum locum divino cultui aptum stirpare atque locum incultum emendare ceperunt ... Hier ist alles klar: zwei bairische edle, die brüder Adelbert und Otkar, gründen aus frommem Antrieb das kloster Tegernsee.

Nicht anders eine urkunde kaiser Ottos II. vom jahre 979[1]: *Monasterium* ... *duo germani fratres et illustres comites in suo et de suo patrimonio temporibus Pipini regis Francorum, ipsius permissu condiderunt, et regio mundiburdio commendaverunt, et a s. papa Zacharia ipsi germani fratres Adalbertus et Otgarius corpore beati Quirini martyris impetrato venerabile reddiderunt* ... Auch hier ist weder von besitzungen in Burgund, noch von dem unglücklichen tod des sohnes die rede.

Anders aber die berichte aus der mitte des 12. jhs. Metellus sagt, nachdem er von der Translatio Quirini gesprochen, folgendes:

Diva progenie par geminum prodierat decus,
Fratrum bellipotens ac locuples divitiis honos,
Pippinum quibus et fama refert stemmate proximum
Insignis Caroli, qui validus regna tulit, patrem.
Adalbertus eius nomina sunt Occarius quoque,
Alter Bajarici jure Comes praccipuus soli,
Burgundis alius belligero robore dux probus ...

und nun folgt die bereits oben gegebene erzählung vom tode des knaben beim schachspiel. Ganz ähnlich berichtet die Passio Quirini: *Erant ex propinquis Pippini duo principes super principes, quorum unus Adalbertus Bavariae comes fuit, alter Otkarius Burgundionum dux fuit, quem a prisco gens illa adhuc canens Osigerum vocat* etc. Und wenn schließlich die Historia fundationis gar erzählt: *erant in partibus Noricorum duo fratres Albertus et Otkarius, ex patre Burgundi, ex matre Bavari* ... *unus illorum videlicet Alber-*

---

1) Böhmer, Regesta imperii a Kourado I. ad Heinricum VII. no. 545. — Mayor, a. a. o. s. 291.

lus novem Comitatus possedit in Bavaria, alter vero Otkarius qui et aetate provectior, ducatum tenuit in Burgundia, so ist das weiter nichts als ein versuch, die herkunft der verschiedenen und soweit auseinanderliegenden besitzungen in Burgund und Baiern zu erklären durch verschiedene stammesangehörigkeit der eltern.

Hier haben wir nun auf einmal alles: die schachscene, die verwandtschaft mit Pipin, die herzogswürde Otkars in Burgund, und zwar alles in directer beziehung untereinander, denn erst als die schachepisode erzählt wird, ist auch von Burgund die rede. Alles dies zusammen war aber den älteren quellen unbekannt. Es kann also gar keinem zweifel unterliegen, dass Metellus aus einer quelle schöpfte, welche erzählte, wie der sohn des herzogs Osigerius (Ogier) von Burgund beim schachspiel erschlagen wurde. Die ähnlichkeit des namens — Ogier, Otkar — fiel ihm auf, und er übertrug jene geschichte einfach auf seinen Otkar, wohl mehr bona fide als in absichtlicher täuschung; denn wenn er letzteres wollte, hätte er wohl auch die auffällige beziehung zu Burgund beseitigt. Und der analogieen, die ihn zur annahme der identität beider personen verführen konnten, gab es ja genug: beide Otker lebten zur zeit Pipins, beide waren angesehene herren, von beiden waren ihm klosterstiftungen bekannt. Wir kommen also zu dem schluss, dass der stifter von Tegernsee ganz ohne einfluss auf die sage von Ogier gewesen ist und nur insofern zu ihr in beziehung steht, als eine von Ogier umgehende erzählung auf ihn übertragen worden ist.

Diese erzählung von Ogier war ein französisches gedicht. Das geht deutlich aus den worten Metells hervor: *quem gens illa canens prisca vocat nunc Osigerium.* ‚Osigerium' ist deutlich das französische Ogier, und die erwähnung der Burgunder bestätigt die französische herkunft der quelle. Diese quelle steht unzweifelhaft in beziehung zur II. branche der Ch. O. Aber diese selbst oder eine ähnliche darstellung kann nicht quelle für Metell gewesen sein: dazu gehn die beiden versionen inhaltlich zu weit auseinander, dazu macht auch

Metells gedicht einen zu selbständigen eindruck, und umgekehrt wissen wir, dass die episode in Ch. O. nicht originell
ist; schliefslich muss es auch auffallen, dass Metell von dem
sonstigen inhalte der Ch. O. nichts weifs, während er doch im
anderen fall, getreu seinem vorsatz ‚Quorum gesta prius, sic
opus est, commemorabimus‘ von seiner kenntnis gebrauch gemacht haben würde, die weiteren taten des stifters von Tegernsee
in majorem gloriam monasterii Tegernseeensis atque Sti. Quirini
zu besingen.

Es lässt sich aber auch zeigen, dass Metell in einem
punkt gegen die II. branche mit einer anderen französischen
tradition zusammenstimmt: nämlich mit der anspielung der
I. branche, v. 89 ff. Hier wird erzählt, dass Bauduinet und
Callot schach und würfel miteinander spielten:

> v. 91 *Si com juoit es eskés et as dés.*

Die II. branche weifs von würfeln nichts, wohl aber Metell:

> v. 47 *Huic ludo tabulae regis erat filius obvius,*
> *Donec doctior hic obtinuit promptius aleam.*[1]

In der II. branche erschlägt Callot seinen gegner mit dem
schachbrett:

> v. 3177 *A ses deus mains a saisi l'esqueker,*
> *Bauduinet en feri el fronter,*
> *Le test li fent, s'en salt li cerveler* —

nach der I. branche aber mit dem turm des schachspiels:

> v. 92 *La le feri d'un rok par tel fiertés*
> *Que aus deus les elx li fist du cief voler* —

und ebenso bei Metell:

> v. 50 *Et rocho jaculans mortiferae . . . adegerat.*[1]

Es wird niemand behaupten wollen, dass Metell aus der
anspielung der I. branche geschöpft. Dann bleibt nur übrig,

---

1) Vgl. die Passio Quirini (a. a. o. s. 327): *Filius ducis aleam cum*
filio regis ludit, ubi altius callens dum vincit in pyrgo, filius regis ut
filius regis accenditur, et rocho jaculans furiose tempora victoris trajecit.

dass diese gemeinsamen züge dem originalgedicht angehörten, bei Metell und in der branche I bewahrt, in br. II aber bei der letzten überarbeitung verwischt wurden. Indes ist auch für br. I und Metell keine gemeinsame vorlage anzunehmen: denn während br. I den krieg zwischen Karl und Ogier anschliefst und somit den jetzigen zusammenhang der branche mit dem gedicht vom Langobardenkrieg andeutet, weifs Metell hiervon nichts. Die anspielung der I. branche geht also auf ein gedicht, das, weil bereits mit dem Langobardenkrieg verbunden, jünger war als Metells vorlage, aber, weil noch einige alte züge bewahrend, älter als die jetzige form der II. branche.

Wir kommen nun zur vorlage Metells selbst, die sich von der darstellung der Ch. O. in wichtigen dingen noch unterschieden haben muss. Man darf es zunächst für sicher annehmen, dass in dieser vorlage Ogier noch nicht als Däne bezeichnet war. Denn wäre dies der fall gewesen, so gab es für Metell zwei wege: entweder er liefs Ogier als Dänen stehn — das ist nicht der fall; oder er suchte ihn seinem heimatlichen Otkar anzupassen — dann musste er ihn zu einem bairischen grafen machen, wie er aber dazu käme, ihn aus einem Dänenherzog zum Burgundenherzog zu machen, liefse sich nicht erklären. Der Burgundenherzog muss also der vorlage angehören.

Von der burgundischen herzogswürde Ogiers ist nun freilich in Ch. O. nirgends die rede, die dänische beziehung hat alles frühere verwischt. Aber es ist recht wohl möglich, dass Ogier in dem alten lied vom schachspiel und vielleicht auch sonst in der tradition als Burgundenherzog galt. Ja, vielleicht ging das lied ursprünglich direct auf den Othger von Meaux. Dafür spricht vielleicht, dass sowohl von Metell als von der Passio eine stiftung der brüder in Burgund erwähnt wird:

Verum nobiliore nitens Burgundia flore
    Eximiisque locis,
Ac prius hos experta duces fert carmina certa
    Principibus propriis,

Qui semel feliciter et sua cuncta potenter
Attribuere Deo.[1]

Und in der Passio, nachdem von klosterstiftungen der brüder die rede war[2]: *Super hec in Burgundia aliud monasterium, alium patronum augustins statuentes, late seminarerunt, latius metunt.* Meaux selbst liegt ja nicht in Burgund, aber was die Tegernseer überlieferungen von jener stiftung wissen, scheint ihnen überhaupt nur dunkel bekannt gewesen zu sein, und so mochten sie leicht darauf kommen, das besagte kloster in der provinz Frankreichs zu suchen, als deren herzog Ogier in dem franz. gedicht galt. Wenn aber, was mir recht wahrscheinlich, unter dem besagten kloster Meaux, unter dem anderen schutzheiligen der hl. Faro und unter dem helden der vorlage Metells der Faronische Othger zu verstehn ist, so ist der sinn des alten gedichts vom schachspiel klar: es erklärte dann, wie der vornehme und hochgestellte Othger dazu kommt, die weltliche herrlichkeit zu verlassen und die stille des klosters. aufzusuchen, ebenso wie in den Tegernseer überlieferungen der traurige vorfall anlass für die grafen wird, sich einem christlichen leben zu ergeben. Bemerkt sei noch, dass sowohl Meaux als Tegernsee Benedictinerklöster waren und somit die möglichkeit literarischer beziehungen beider recht nahe liegt. Mit Bursian eine burgundische herkunft Metells anzunehmen, scheint mir wenig begründet. Es macht vielmehr den eindruck, als wäre das fragliche gedicht schon vor Metell nach Tegernsee gekommen, namentlich wenn man an seine eigenen worte denkt, die er in der 19. ode[3] über seine quellen sagt:

Ex veterum multis estraxi carmina scriptis
Incognitis et cognitis.

Vergleichen wir nun die version Metells und die der Ch. O. inhaltlich, so fallen sogleich bedeutende unterschiede

1) Canisius - Basnage s. 141.
2) a. a. o. s. 331.
3) Canisius s. 83. — Canisius - Basnage s. 146.

in die augen. Wenn wir von der.II. branche die einleitung
(v. 3103—51) und die schlussrecapitulation (v. 3450—79) abrechnen, so bleiben 298 verse, die sich inhaltlich etwa so
gliedern:

    a) Bauduinets tod, 3152—81,

    b) Ogiers rache, 3182—353,

    c) Krieg zwischen Karl und Ogier, 3354—68,

    d) Ogiers flucht zu Desier, 3369—449.

Davon entspricht nur der erste teil der darstellung der Quirinalia völlig, der zweite zeigt an stelle der versöhnung die
rache, der dritte spinnt diesen faden weiter fort, und der vierte
leitet zum Langobardenkrieg über. Es lässt sich vermuten,
dass der ganze schluss der episode, vom zweiten teil ab, schon
unter einfluss des angeknüpften Langobardenkrieges steht, und
dass daher, um diesen übergang zu ermöglichen, der ursprüngliche schluss der schachepisode erhebliche veränderungen er-
litten hat. Dieser ursprüngliche schluss aber ist uns nirgends
anders erhalten als in dem gedicht Metells und der Passio
Quirini.

    Für die Chevalerie Ogier ist die verknüpfung mit diesem
gedicht sehr folgenreich geworden. Zunächst haben wir daraus
die verschiedene motivierung von Ogiers flucht in dem gedicht
vom Langobardenkrieg herzuleiten, wie bereits oben[1] näher
ausgeführt worden. Ferner stammt daher die confusion in
Ogiers attentat auf Karl, welches das gedicht von der belagerung Castelforts erzählt.[2] Schliefslich ist hierauf die scene in
der IX. branche zurückzuführen, wo Ogier rache für Bauduinet
verlangt und Callot töten will. Vielleicht stehn sogar schon
die Enfances Ogier mit der eifersucht Callots auf Ogier unter
dem einfluss unsrer episode. Eine eigentümliche umbildung
hat dieselbe im franco-italienischen gedicht (mscr. XIII) erfahren, wo sie mit dem gedicht von Ogiers gefangenschaft und
kampf mit Brehier verbunden erscheint, worüber cap. VIII zu
vergleichen.

---

1) Vgl. s. 49 ff.   2) Vgl. s. 62 ff.

Um das ergebnis kurz zusammenzufassen, so glaube ich, dass es ein altes gedicht gab, das vielleicht auf den Othger von Meaux ging und die schachgeschichte mit dem schlusse Metells erzählte. Dies gedicht ist irgendwie nach Tegernsee gelangt und hier auf den stifter von Tegernsee übertragen worden. In Frankreich aber wurde es zu dem Ogier des Langobardenkriegs in beziehung gesetzt und mit dem gedicht darüber (und zugleich wohl auch mit dem gedicht von Castelfort) verbunden: auf diese form, welche noch manches altertümliche bewahrte, mag die I. branche anspielen. Nachher hat der redactor der Ch. O. wie das übrige, so auch diesen teil einer überarbeitung unterworfen und ihm die merkwürdige form verliehen, die er jetzt hat.

VII. Capitel.

Enfances Ogier.

Die erste branche der Chevalerie Ogier oder die Enfances Ogier, wie wir sie nach Adenets neubearbeitung nennen dürfen, können in rücksicht auf die beziehungen des helden zu den Sarracenen nicht als historisch gelten: es ist erdichtet, wenn hier Ogier auf seiten Karls gegen Sarracenen in Italien ficht. Aber die ereignisse selbst, welche hier erzählt werden, entbehren nicht der historischen grundlage.[1] Von vorübergehenden früheren piratenzügen abgesehn,[2] hören seit beginn des 9. jahrhunderts die Sarracenen nicht auf, Unter- und Mittel-Italien heimzusuchen, Apulien und Calabrien stück für stück zu erobern und das römische gebiet zu verwüsten. Von zwei seiten gelangten sie dahin, einmal von Spanien und dann von Africa

---

1) Die folgenden ausführungen beruhen im wesentlichen auf der darstellung von Ferdinand Gregorovius, Geschichte der Stadt Rom im Mittelalter. III. B. (1860). Vgl. besonders s. 69 ff., 96 ff., 195 ff., 284 ff.

2) Vgl. Theodor Mayer, Archiv f. öst. Geschichtsqu. 1849. II, s. 289.

aus. Von Spanien her bemächtigten sie sich der Balearen, darnach der insel Sardinien und bedrohten von hier aus Mittelitalien. Von Africa setzten sie 827 nach Sicilien über, eroberten 831 Palermo und blieben bis zur zeit der Normannenherrschaft in ungestörtem besitz der insel. Von hier aus fassten sie festen fufs in Unteritalien, gelangten sie nach Bari und Tarent, von hier aus richteten sie ihre verheerenden plünderungszüge gegen die Campagna und gegen Rom. Der erfolgreichste dieser züge fällt ins jahr 846. Eine flotte fuhr den Tiber hinauf, die stadt Rom selbst glückte es nicht zu nehmen, aber dafür wurden die schätzereichen kirchen St. Peter und St. Paul völlig ausgeplündert. Die seit jahrhunderten dort gestifteten und aufbewahrten kunstwerke und kostbarkeiten wurden die unermessliche beute der Mohamedaner. Ein zum entsatz heranrückendes christliches heer konnte ihnen die beute nicht mehr streitig machen; aber im kampf gegen die elemente, durch einen seesturm, gingen viele der sarracenischen schiffe zu grunde. Dem papst Leo IV. gelang es, gegen einen abermals drohenden angriff 849 eine liga mit den süditalienischen fürsten zusammenzubringen, deren flotte, unterstützt von einem plötzlich ausbrechenden sturme. einen grofsen sieg über die Sarracenen bei Ostia errang. Damit war eine zeitlang ruhe geschaffen. aber nicht lange. Zur zeit papst Johanns VIII. hatte die gegend von Rom widerum schwer unter den Sarracenen zu leiden. Als die gefahr drohender wurde und der papst bei seinen südlichen nachbarn wenig entgegenkommen fand, rüstete er selbst eine flotte aus und trug — im jahre 877 — über die sarracenische flotte am cap Circe einen sieg davon, dessen wirkung freilich nur von vorübergehender dauer war. Die entsetzlichen raubzüge der Mohamedaner dauerten fort. Papst Johann X. war es, welcher eine entscheidende wendung herbeiführte. Mit hilfe des neugekrönten kaisers Berengar brachte er 916 eine grofse liga zu stande, sammelte ein bedeutendes heer aus ganz Italien, und unter seiner und des generals Alberich führung wurde am Garigliano, wo die Sarracenen in starken verschanzungen sich festgesetzt hatten,

ein glänzender und für das sarracenische heer vernichtender
sieg erfochten.

Das sind die wichtigsten facta aus den kämpfen zwischen
Rom und den Sarracenen. Sie liegen den chansons zu grunde,
welche von Sarracenenkämpfen in Italien reden: die grofse
plünderung der kirchen 846 mag sich in der Destruction de
Rome, der wichtige sieg am Garigliano in der Chanson d'Aspremont und in den Enfances Ogier widerspiegeln. Karl d. Gr.
selbst hat freilich niemals in Italien gegen die Sarracenen gekämpft, welche dort zu seiner zeit keine nennenswerte rolle
spielten. Aber in diesen kämpfen prägt sich der grofse gegen-
satz zwischen Rom und Sarracenen, zwischen Christentum und
Islam aus, und es ist wohl begreiflich, dass man in einer un-
critischen zeit, welche gern die verhältnisse der gegenwart auf
frühere zeiten übertrug, dem vorkämpfer der christenheit, dem
repräsentanten des christentums, als welcher im epos bei seinen
auswärtigen kriegen Karl stets erscheint, welcher zudem selbst
in Spanien gegen die Sarracenen gekämpft, die nachher Italien
verheerten — dass man ihm unternehmungen andichtete, die
seiner eigenen geschichte zwar fremd waren, aber recht wohl
zu jener allgemeinen vorstellung passten, welche sich die nachwelt von Karl gebildet hatte. So lässt die dichtung den frommen kaiser eine fahrt nach Jerusalem unternehmen, so weist sie
ihm eine rolle in den Sarracenenkämpfen Italiens zu. Die erinnerung daran, dass Karl selbst einmal nach Italien gezogen,
um die Langobarden zu bekämpfen, mag dabei mitgewirkt
haben, aber jedenfalls nicht als wesentlicher factor. Es ist
bezeichnend für die drei gedichte, dass der schauplatz nicht,
wie im Langobardenkrieg, in Oberitalien, sondern ebenda zu
suchen ist, wo die Sarracenenkämpfe sich abgespielt: in Mittel-
und Unteritalien. Bei Rom kämpft Ogier; Aspremont ist in
Calabrien, in der gegend von Reggio gedacht. Und dass unter
den Sarracenen nicht etwa unter einfluss der kreuzzüge in
Sarracenen umgewandelte Langobarden zu verstehen sind, sondern wirklich jene Sarracenen, welche im 9. und 10. jh. dort
gehaust haben, geht genügend daraus hervor, dass sich die

dichtung diese Sarracenen immer über meer gekommen dachte:
*Aufricains, cil d'Aufrique, gens d'Aufrique, cil de Tolete, li
rois de Cordes, qui tint Maiolgre le grant ille de mer*, sind
in jenen gedichten häufige ausdrücke; Karaheut landet in Tarent,
Brunamont in Bari. Kurz, alle historischen beziehungen deuten
auf die sicilischen und süditalischen Sarracenen, nicht auf die
Langobarden.

Niemandem, welcher die chansons von den Sarracenen-
kriegen in Italien liest, werden die auffälligen übereinstimmungen zwischen den Enfances Ogier und zwischen Aspremont
entgehn. Die Chanson d'Aspremont ist inhaltlich nichts anderes
als ein ‚Enfances Roland'. Jedes der beiden gedichte erzählt
parallel dem anderen, wie sein junger held, fast noch knabe,
durch eine kühne, unerwartete tat sich den ritterschlag erwirbt.
Aspremont erzählt in der einleitung, wie Roland in Laon eingeschlossen wird; in den Enfances Ogier wird Ogier in St. Omer
gefangen gehalten. Hier wie dort ist das erscheinen des jungen
helden im kampf nur zufällig: Roland macht sich mit gewalt
von seinem hüter los, um dem heere nach Italien zu folgen;
Ogier wird durch die barone von der drohenden hinrichtung
losgebeten und als gefangner mit nach Italien genommen. Dort
rettet Roland seinem onkel Karl das leben und den Franken
den sieg; hier bewahrt Ogier das fränkische heer vor schimpf-
licher niederlage gerade in dem moment, als Karl nach verlust
seines pferdes in höchster gefahr schwebt. Dort siegt Roland
über den starken Eaumont, hier Ogier über den gewaltigen
Brunamont. Dort wird erzählt, wie Roland sein scharfes schwert
im kampf gewinnt; hier, wie sich Ogier Cortain und Broiefort
erkämpft. Kurz, die übereinstimmungen sind der art, dass
eine enge beziehung beider gedichte unabweisbar ist: entweder
ist das eine das original des andern, oder beide haben eine
gemeinsame vorlage gehabt. Für letztere möglichkeit sprechen
keine gründe. Es bleibt also nur zu erörtern, welches von
beiden gedichten dem andern zum muster gedient hat. Natürlich kann es sich hierbei nicht darum handeln, das alter der
gedichte in der gegenwärtigen form festzustellen — in einzel-

heiten mögen die gedichte seit ihrer entstehung manchen wandel durchgemacht haben — sondern nur um die beziehungen der originale.

Ich bin zu dem resultat gekommen, dass Aspremont älter ist und die Enf. O. nur eine nachbildung dieses gedichtes sind. Ich will nicht weitläufig davon reden, dass der allgemeine charakter von Aspremont einen weit altertümlicheren eindruck macht. Auch daran will ich nur erinnern, dass Aspremont schon dadurch ein älteres originalgedicht als das der Enf. O. vermuten lässt, weil Karl hier in seiner wahren, historischen residenz Aachen[1] hof hält, nicht in Paris und nicht in Laon, während in den Enf. O. Paris, die stadt der Capetinger, als hauptstadt erscheint und die hss. nirgends vermuten lassen, dass im original jemals etwas anderes an dessen stelle gestanden. Am bemerkenswertesten scheinen mir jedoch jene punkte, welche sich nur aus einer nachbildung der Chanson d'Aspremont erklären lassen. So sagt Ogier, als er die bedrängnis kaiser Karls gewahrt:

v. 556 *De la bataille va nostre roi mult mal.*

Ogier ist Däne, ist geisel, ist gefangner: wie kommt er dazu, Karl als *nostre roi* zu bezeichnen, wenn der dichter dabei nicht eine person wie die Rolands im auge hatte? Des weiteren fordert Ogier seine gefährten auf, dem könig zu hilfe zu eilen. Wer sind diese *compagnons*, diese *escuiers*? Wie kommt zu solchen ein gefangner, welcher der obhut eines wächters übergeben ist? Auch dies ist nur erklärlich, wenn man an Rolands gefährten Haton, Berengier, Guion und Estout, an die ,*enfans*' denkt, welche unser dichter im sinne hatte. Eben darauf mag sich die kleine episode v. 346 ff. zurückführen, wo Naimes in Ogier einen gesellschafter für seinen an kopfweh leidenden neffen sucht. Wie erklärt es sich ferner, dass Karl, entschlossen, Ogier hinrichten zu lassen, die hinrichtung aufschiebt und Ogier mit nach Italien nimmt, anstatt ihn daheim

---

1) Chanson d'Aspremont (édit. Guessard et Gautier). Paris 1855. s. 7, 65. 89. s. 16, 63.

in sicherem gewahrsam zu lassen? Nur daher, weil der dichter
seinem helden gelegenheit geben musste, ähnliche taten wie
Roland zu verrichten.

Und so kommen wir auf einen der wichtigsten punkte
der ganzen untersuchung. Es lag dem nachahmer von Aspremont daran, für seinen Ogier ähnliche situationen zu erfinden,
wie der neffe Karls sie dort erlebte, vor allen dingen, als
grundlage für das weitere, eine entsprechende eingangssituation
zu schaffen. Ihn gleichfalls in Laon einsperren, wie es Roland
geschehen, das war zu simpel. So machte er seinen helden
zu einem wirklichen gefangnen, zu einer dänischen geisel und
erzählte nun von diesem, was er aus Aspremont schöpfte und
mit seiner eigenen phantasie weiter ausführte. Die geschichte
von der geiselschaft und die dänische herkunft Ogiers
überhaupt ist nichts als eine erfindung des dichters
der Enfances Ogier.

Man hat die erklärung des beinamens ‚Däne' bisher meist
in ganz andrer richtung gesucht und eine schwierige frage
daraus gemacht, weil man meinte, in der geschichte die auf-
klärung finden zu müssen. Aber schon die ganze bisherige
untersuchung hat gezeigt, dass der nachdruck bei einer solchen
untersuchung nicht auf der oder jener äußerlichkeit — und
eine solche nur ist der beiname des Dänen — sondern auf der
inneren entwicklung des stoffes, des inhalts ruht. Und von
diesem gesichtspunkt aus ist es klar geworden, dass der
stoff von haus aus mit der dänischen geschichte nichts zu tun
hat, wohl aber in engster beziehung zur langobardisch-frän-
kischen geschichte steht: dass mithin die beziehung auf Dänemark erst später und von außen hereingebracht sein kann. Es
versagt aber auch die dänische geschichte, welcher ein sohn
könig Gottfrieds, namens Ogier, sowie dessen geiselschaft völlig
unbekannt sind. Es bleibt also, wenn man nicht zu weit entfernten parallelen wie z. b. P. Paris[1] greifen will, nichts übrig,

---

1) Er denkt an Adalgarius und Itherius, zwei aquitanische geiseln,
welche 760 dem könig Pipin von Waiffarius gestellt wurden. Bibl. de l'Éc.
d. Ch. III, 524 f.

als die dänische nationalität des helden als ein erzeugnis der
erfindung, der dichtung anzusehn. Diese erklärung wäre schon
an und für sich nichts verwunderliches. Denn wenn wirklich
ein dichter ganz aus freien stücken Ogier zu einem Dänen
gemacht hätte, was wäre es denn anders, als wenn in der
dichtung ein Milon von England, ein Richard von der Norman-
die, ein Naimes von Baiern u. a. m. auftreten? Hier aber
können wir noch deutlich verfolgen, wie der dichter darauf
kam, mit seinem helden diese dichterische umbildung vorzunehmen. Die ganze geiselgeschichte ist nur in nachahmung von
Aspremont erfunden, und widerum lediglich auf der geiselgeschichte beruht Ogiers dänische herkunft. Denn tatsächlich
findet sich — abgesehen von einigen allgemeinen anspielungen
auf dänische äxte, dänische kleidung und dänischen käse —
in der ganzen Ch. O. nichts, was Ogier in beziehung zu Dänemark setzt, als die geiselschaft. Der dichter, in dem bestreben,
Ogier zu einem gleich zufälligen retter in der not wie Roland
zu machen, dichtete ihm eine geiselschaft an, und wenn er
hierfür nach einer historischen anknüpfung suchte, lagen ihm
die Dänen wahrlich nahe genug, welche ein jahrhundert mit
Frankreich in beständigem kampf gelegen und schon mit Karl
selbst mehrfach feindliche berührungen gehabt hatten. Dass
unter könig Geoffroy von Dänemark[1] der historische Gottrik
zu verstehn ist, unterliegt selbstverständlich keinem zweifel.

Man wird gegen diese erklärung vielleicht noch einwenden,
dass ja Ogier überall, wo er im afr. epos auftritt, als Däne
gedacht ist, und dass daher die vorstellung von seiner dänischen
herkunft mindestens ein hohes alter beanspruchen müsste. Aber
ursprünglich ist ja diese vorstellung — wie die geschichte

---

1) Es kommt für uns wenig in betracht, dass als Ogiers vater im
Renaut von Montauban einmal Joiffroi von Avignon genannt wird. Wenn
es mit der echtheit der stelle auch seine richtigkeit hätte, so würde das
doch nichts beweisen als was wir schon lange wissen: dass nämlich Ogier
in der dichtung nicht von anfang an als Däne gilt. Vermutlich aber ist die
stelle nur verderbt, worüber man Barrois, Eléments carlovingiens s. 253 f.
vergleiche.

deutlich zeigt — keinesfalls, und die zeit, in welcher sie erzeugt wurde, liegt vielleicht gar nicht so weit zurück. Der Mönch von St. Gallen hat uns gezeigt, dass dieser beiname nicht in die früheste zeit der sage und dichtung zurückgeht. In dem gedicht, welches Metellus kannte, war Ogier kein Däne, erst die darstellung der II. branche hat ihn dazu gemacht. Auch am Faronischen Othger können wir den wandel vom alten zum neuen noch beobachten. Die Conversio kennt ihn nur als fränkischen grofsen, sie zeigt weder mit der dänischen herkunft noch mit anderen zügen der chansons von Ogier bekanntschaft. Eine erweiterte und modificierte Conversio aber, welche uns Alexander Neckam überliefert und die nachher noch gegenstand der untersuchung sein wird, beginnt mit den worten: *Mortuo igitur invictissimo triumphatore Karolo Magno placuit Ogero Duco, militi acerrimo et strenuissimo, gloriosi principis praedicti primipilo, transire ad frugem melioris et tutioris vitae,* worauf sein eintritt ins kloster Meaux berichtet wird. Auch die untersuchung der gedichte vom Langobardenkrieg und von Castelfort hat gezeigt, dass die dänische beziehung erst nachträglich aufgetragen ist. Überall also sehen wir noch spuren des alten, und wir dürfen den schluss machen, dass das dänische motiv überhaupt erst verhältnismäfsig jungen datums ist.

Wenn nun die ch. d. g. sich alle auf die neuere version von der herkunft Ogiers beziehen, so ist das bei der popularität, deren sich die Enf. O. vor den anderen Ogiergedichten erfreut haben, nicht zu verwundern. Weder das gedicht vom Langobardenkrieg noch das von Castelfort — die doch beide als die ältesten gedichte des sagenkreises anzusehn sind — haben im italienischen oder altnordischen eine bearbeitung erfahren, wohl aber, neben dem gedicht vom kampf mit Brehier, die Enf. O. Auch spätere französische bearbeitungen zeugen von der grossen beliebtheit des gedichts: Adenet hat es neu bearbeitet, und wo wir in den werken der compilatoren Ogier antreffen, sind es vorwiegend die Enf. O. und meist nur diese, welche benutzt sind; so bei David Aubert, so kennt Mousket nur die Enfances, und Girard d'Amiens, der noch anderes weifs, teilt am ausführlichsten doch die Enf. mit.

Auch in der blütezeit des volksepos müssen die Enf. O. äusserst beliebt, beliebter als die übrigen gedichte des cyclus gewesen sein. Es ist bemerkenswert, dass die vorstellung, welche die ch. d. g. von Ogier geben, nahezu überall auf die Enf. zurückzuführen ist: überall spielt Ogier die rolle eines treuen vasallen, eines paladins des kaisers. In der ältesten überlieferung aber, in der geschichte und in den ältesten gedichten, ist Ogier rebell gegen den kaiser, und erst die Enf. sind es, welche ihn zu Karls paladin machen. Diese gemeinsamkeit der auffassung, welche in den chansons de geste und den Enf. übereinstimmend gegenüber den ältesten gedichten von Ogier herrscht, macht es zur gewissheit, dass Ogier seine beliebtheit und seine rolle in den fremden epen vorwiegend den Enfances zu danken hat. Zugleich mit der einen neuerung aber — Ogier als Karls paladin — hat der dichter der Enf. auch die andere — Ogier als Däne — aufgebracht, und es erklärt sich leicht, dass Ogier in den afr. epen uns überall als Däne begegnet.

Schon im Rolandslied und in der Karlsreise tritt er als getreuer Karls und als Däne auf, in letzterem gedicht zählt er sogar zu den zwölf pers. Wir dürfen also schliefsen, dass das originalgedicht der Enf. älter als die gegenwärtigen fassungen des Rolandsliedes und der Karlsreise ist und darum noch in das 11. jahrhundert gesetzt werden darf.

Dies original ist uns nicht überliefert. Die gegenwärtige I. branche der Ch. O. ist zweifellos nur eine überarbeitung. Freilich liegen die widersprüche nicht so auf der hand wie bei den vorher besprochenen gedichten. Aber einzelne teile des gedichts, machen doch — inhaltlich betrachtet — einen ziemlich modernen eindruck, und wir dürfen vermuten, dass das alte gedicht nicht nur kürzer, sondern vor allen dingen von einfacherem inhalte war, mehr in der art der Chanson d'Aspremont, welche bei aller breite der darstellung sich doch auf wenige hauptfacta concentriert.

Soviel ist deutlich, dass das auffälligste und complicier-
teste an dem ganzen hergang die verwicklung ist, wie der
christliche kämpfer Ogier dazu kommt, für den Sarracenen Karahcut die waffen gegen den Sarracenen Brunamont zu ergreifen.
Auch Rajna findet die motivierung dieses kampfes befremdlich
und unursprünglich, wenngleich er von dem fr.-it. gedicht aus
zu ganz anderen schlussfolgerungen über das original gelangt.
Mir scheint überhaupt die ganze entwicklung der handlung von
der ankunft Karahcuts an bis zum wirklichen beginn des zwei-
kampfs zwischen Ogier und Brunamont wenig mit dem übrigen
inhalt zu harmonieren. Gerade in diesem stück spielt Carlot
eine bedeutende rolle, und zwar meist als gegner des Dänen:
eine rolle, die, wie wir geschn, in den übrigen gedichten meist
jüngeren ursprungs war. Carlot unternimmt den grofsen hand-
streich gegen die neu angekommnen Sarracenen, er setzt es
durch, dass er ebenso wie Ogier seinen zweikampf bekommt,
kämpft hier gegen Sadone und wird dann nochmals in dem
episodischen kampf erwähnt, welcher auf Karahcuts gefangennahme folgt. Nachher ist aber von ihm ebensowenig die rede
wie vorher. Schon dass er nachträglich erst eingeführt wird, ist auf-
fällig: er kommt erst nach der ersten schlacht beim heere an.
Das pendant zu ihm aber bildet Karahcut: kaum ist, v. 966 ff,
Carlot angekommen, so erscheint auf der anderen seite Karahcut, v. 1049 ff. Diese figur, welche an edelmut die Christen
überbietet, macht einen sehr zweifelhaften eindruck. Als Ogier
verräterischer weise gefangen worden ist, begiebt er sich freiwillig
in die gefangenschaft der Christen; als es zum kampfe geht,
rüstet er selbst Ogier aus und giebt ihm sein eigenes schwert
Cortain, das Ogier nachher in der zerstreuung behält; noch
wunderbarer ist, dass Karahcut nicht selbst gegen Brunamont
um seine Gloriande kämpft.

Bis vers 749 ist alles glatt: Ogier hat den Franken den
sieg verschafft, dafür schlägt ihn Karl zum ritter und umgürtet
ihn selbst mit dem schwert. Der kampf ist also schon vorbei,
als plötzlich der Sarracene Sadone, von dem im vorausgehenden

kampfe noch gar nicht die rede war, herangesprengt kommt und Ogier im namen Karaheuts eine herausforderung zum zweikampf überbringt: die fuge zwischen altem und neuen, meine ich, lässt sich schon hier noch wohl erkennen.[1] Hierauf wird erzählt, wie Danemont in Rom seinem vater bericht erstattet und dieser sich damit tröstet, dass ja Karaheut kommen und die Franken besiegen werde. Als Karaheut kommt, verspricht er ihm seine tochter und Frankreich zum lohne. Nachdem Ogier und Karaheut beiderseits in gefangenschaft sich befinden, findet abermals ein — übrigens unbedeutender — kampf statt. Darauf erstattet Danemont widerum bericht in Rom, Corsuble ist anfangs traurig, wird aber durch die meldung von der ankunft Brunamonts wider aufgeheitert. Als dieser kommt, verspricht er ihm seine tochter und Frankreich zum lohne. Diese übereinstimmung zwischen den beiden situationen ist nicht nur inhaltlich, sondern auch formell, und ich setze hier die beiden erzählungen nebeneinander:

v. 825 *Ogiers et Kalles s'en retornent a tant*	v. 2294 *Francois repairent baut e lié e joiant;*
	A l'ost revienent grant joie demenant,
826 *Et Danemons vint a Rome pognant*	2296 *Et Danemons vint a Rome fuiant;*
Ens en la place a un peron descent;	*Ens en la place sor un peron desciant,*
Quatorze roi li sunt venu devant,	*Quartorze roi li sont venu devant:*
Si l'en apele ses peres l'amirant.	*"Fix" dist Corsubles "con est vos*
	convenant?"

Die ankunft Brunamonts lässt sich also inhaltlich und formell ohne schwierigkeit an die erste schlacht anschliefsen, und es ist wohl hier ebensowenig wie bei der oben besprochnen Dijon-episode[2] bedeutungslos, dass die spätere laisse auf denselben vocal weiter assoniert wie die frühere vor den Karaheut-episoden: der überarbeiter hat hier seine vorlage unterbrochen, eine umfangreiche partie eigner erfindung eingeschaltet und dann wider mit der vorlage da fortgefahren, wo er aufgehört hatte.

---

1) Es sei bemerkt, dass erst in dieser jüngeren episode sich die beziehung auf Rolandslied und Baligant findet:

v. 788 *C'est Karceus fix le roi Gloriant,*
Frere Marsille et cosin Baligant.

2) Vgl. s. 52 f.

Die formelle übereinstimmung beschränkt sich nicht auf diese eine stelle. Man vergleiche die anmeldung Karaheuts und Brunamonts:

v. 791 *Cil nuns amainne si mervillose gent*
D'Ynde la fiere dessi en Orient;
Des Algorie dusque le val Tristan
N'i a remés Sarrasin ne Persant,
Turc ne païen ne nul Popelicant,
Ne Beduins n'Achopart ne Irant.

v. 2309 *Car chi le vient un tel ariere-bans*
D'Ynde la fiere dessi en Oriant;
Des Algorie dessi en val Tristan
N'a il remés Sarrasin ne Persant,
Turc ne païen, roi ne Popelicant.

Dem Karaheut wie dem Brunamont verspricht Corsuble denselben lohn für den sieg:

S. 1063 *Or vos doins France, je vos en fai*
l'otroi,
Avoe ma fille qui le cors a cortois.

v. 2486 *Or vos doins France, se prendre le*
volés,
Avoec ma fille qui le viaire a cler.

Aus diesen übereinstimmungen kann man nur schliefsen, dass das eine in form und inhalt nur die copie des andern sein kann, und wenn man die wahl hat zwischen dem modernen Karaheut und zwischen Brunamont, welcher, frei von allem verfeinerten, modernen wesen, den typischen Sarracenenhelden der alten gedichte darstellt, so wird man sich ohne schwanken für die originalität des letzteren entscheiden. Dazu kommen die bedenken, welche schon oben gegen die Carlot- und Karaheutscenen geltend gemacht worden sind: alles dies ist späteres machwerk. Wir haben dann für das original-gedicht den einfachen hergang zu constatieren, dass zuerst eine grofse allgemeine schlacht stattfindet und nachher das ende des krieges durch den zweikampf Ogiers mit Brunamont entschieden wird.

Diese auffassung erklärt uns auch mancherlei andere widersprüche, welche im weiteren verlauf zu tage treten, so namentlich in der figur der Gloriande. Diese dame trägt im gegenwärtigen gedicht ein sehr zweideutiges benehmen zur schau: erst wird sie mit Karaheut verlobt und ist mit ihm wohl zufrieden; als dieser sich in feindeshand begeben, nimmt sie Ogier mit auf ihr zimmer, spielt schach mit ihm und erklärt den Franken hoch vom turme herab, dass sie in Ogier verliebt sei; gleichwohl soll dieser Karaheuts anrechte auf sie gegen Brunamont verteidigen, und ehe der kampf beginnt,

erklärt sie dem Brunamont, sie wolle ihn gern heiraten, wenn
er zurückkomme, er solle Ogier ja nicht entwischen lassen!
Diesen liebereichen charakter verdankt aber Gloriande nur dem
überarbeiter. Im alten gedicht war weder von Karaheuts person
noch von Ogiers gefangenschaft die rede: sie war hier die ver-
lobte Brunamonts, dem sie als preis des sieges in aussicht
gestellt wurde. Der überarbeiter erfand nach Brunamonts vorbild die figur Karaheut, gab diesem, der ja gleichfalls als
retter des sultans und der Sarracenen auftrat, aussicht auf denselben siegeslohn und schuf so die nebenbuhlerschaft zwischen
Karaheut und Brunamont; um aber zu dem zweikampf zwischen
letzterem und Ogier überzuleiten, erfand er den verwickelten
hergang, durch welchen Ogier und Karaheut beiderseits ge-
fangene werden, und machte so Ogier zum beschützer der
Gloriande. Daher denn diese bald Karaheut, bald Ogier liebt.
Dazu kommt nun am schluss die liebe zu Brunamont, welche
schon im alten gedicht vorhanden war und die der überarbeiter
unangetastet gelassen hat. Dass dem wirklich so ist, beweist
die laisse v. 2763 ff., wo Gloriande mit Brunamont vor dem
kampfe redet:

> v. 2766 „Sire" distele „ben resaulles prodome.
> Gardés le Franc qu'il ne rus escap unques."
> „Bele" dist-il „et nus ben l'otroiomes.
> A ros iert France, car nos le conquerromes.
> Mort u rencu Ogier ros renderomes."
> „Sire" dist-ele „grans honors ros abonde!
> Au repairer ros en irai encontre;
> Si vous prendrai, car mes peres m'idone."

Dies gespräch wäre unverständlich und unmöglich, wenn
die vorausgegangenen episoden mit Karaheut und Ogier originell wären.

Auch in andrer weise hat die neue erfindung des nachdichters resp. interpolators die alte darstellung gestört. So wie
dieser die handlung gewendet hat, dreht sich der letzte zweikampf um Gloriande: ob sie fernerhin dem Karaheut oder dem
Brunamont gehören soll. Im alten gedicht aber hatte Gloriande

nur einen verlobten, Brunamont, und kann nicht gegenstand
des streites gewesen sein. Vielmehr handelte es sich hier um
die entscheidung des krieges, und auch hierfür finden wir
wider den beweis im gedichte selbst, wenn Ogier seinerseits
die kampfbedingungen für den fall des unterliegens festsetzt:

v. 2585 *Si m'aït Deus, si nos i conbatrons.*

> *Se me pues vaincre, jurer ferai Kallon,*
> *Hoel de Nantes et le rice Namon,*
> *De dolce France les chevaliers barons,*
> *Que de Monyieu repasseront les mons*
> *Et cest païs tot quite vos lairons;*
> *Ja de Romangne plain pié ne clameront.*

Mit dieser alten vorstellung mischt sich dann die neue
von dem streit um Gloriande. Auch auf den schluss ist die
neuerung nicht ohne einfluss geblieben: was hier von Karaheut
erzählt wird, gehört sicher dem interpolator. Schliesslich muss
man diesem auch die merkwürdige erfindung zuschreiben, wie
Ogier zu dem schwert Cortain kommt: dass er es von einem
Sarracenen geschenkt resp. geliehen bekommt, kann nicht ursprünglich sein. Es muss im kampfe errungen worden sein,
wie Rolands Durandal, und wie in unserem gedicht selbst das
ross Broiefort. Und auch hier scheint die dichtung noch auf
das alte zu deuten, wenn sie den helden zugleich mit des
feindes ross Broiefort auch dessen schwert erbeuten lässt:

v. 3000 *Ogiers le voit, unques si liés ne fu:*

> *Il prist l'espee dont a or fu li puns*
> *Et le cheval que il conroitoit plus,*
> *Que nule riens qui or soit ne aine fu.*

Es würde zu weit führen, auf alle einzelheiten einzugehn,
ich denke, das bereits vorgebrachte wird genügen, um die hier
gegebene darstellung von dem inhalt des originalgedichts
wenigstens wahrscheinlich zu machen. Wenn wir von einzel-
nem absehn, haben dem alten gedicht jedenfalls die ca. 1470
verse, welche die Carlot- und Karaheutscenen behandeln, ge-
mangelt: das alte gedicht war also etwa um die hälfte kleiner
als die jetzige I. branche.

Nach diesen ausführlichen erörterungen kann ich mich über die fremden bearbeitungen der Enfances kürzer fassen: das ist das II. (in der jüngeren redaction III.) buch der Karlamagnússaga und die franco-italienische bearbeitung in der hs. XIII der Venediger Marcusbibliothek. Keine der beiden versionen giebt das original, beide stehen der I. branche ziemlich nahe. In dem fr.-it. gedicht hat Pio Rajna das original wiederzufinden geglaubt.[1] Nach ihm fehlte dem original der zweikampf Ogiers mit Brunamont, die figur des Brunamont überhaupt wie die der Gloriande, der ganze schluss des franz. gedichts ist ihm unursprünglich. Vielmehr wurde nach Rajnas annahme im original wie im mscr. XIII Ogier nach der gefangennahme wieder freigelassen, weil Karoer — so heifst hier Karaheut — dem Corsuble drohte, sich im weigerungsfalle taufen zu lassen; darauf erhielt auch Karoer die freiheit wider und fiel im schlusskampfe von Ogiers hand. In vielen einzelheiten betrachtet Rajna das fr.-it. gedicht für altertümlicher, das franz. für jünger.

Rajna hat zum teil an denselben punkten wie ich anstoss genommen, so an der merkwürdigen motivierung des zweikampfes zwischen Br. und O. und an der persönlichkeit der Gloriande, ist aber mit zugrundelegung des italienischen gedichts, wie man sieht, zu ganz anderen anschauungen über den inhalt des originals gelangt. Nach meinen obigen ausführungen muss ich aus positiven gründen Rajnas resultate ablehnen. Aber auch gegen diese selbst lässt sich manches einwenden, von dem ich nur das wichtigste hervorheben will.

Schon allgemeine erwägungen sprechen sehr gegen die authenticität der Venediger version. Vor allen dingen geht dieselbe, wie auch Rajna selbst annimmt, nicht direct auf einen geschriebenen französischen text, sondern auf ein mündlich

1) Pio Rajna, Uggeri il Danese nella letteratura romanzesca degl' Italiani. I. Romania II, 153—169. — Das fr.-it. gedicht ist noch nicht gedruckt. Man vgl. die inhaltsangaben von Adalbert Keller (Rouwart s. 68—70), Guessard (Bibl. Éc. Ch. XVIII, 405 f.), Gautier (Ép. fr. ²III, 55) und namentlich von Pio Rajna a. a. O.

überliefertes gedicht zurück: durch diese art der überlieferung
wird es sehr erschwert, im einzelnen fall ein bestimmtes urteil
abzugeben und ein motiv, eine episode, eine eigentümliche
ausführung mit sicherheit dem original zuzuschreiben und
namentlich — was viel häufiger der fall — diese oder jene
partie dem originale abzusprechen, weil sie sich in dem italienischen gedicht nicht findet. Ferner muss es doch bedenklich
stimmen, dass keine der abweichungen, welche der italienische
Uggeri gegen die franz. Ch. O. bietet, durch die version der
Karlamagnússaga gestützt wird, der doch Rajna ihren selbständigen wert neben dem franz. gedicht einräumt.

Von einzelheiten bemerke ich kurz folgendes: Dass der
kaiser die nachricht von dem einfall der Sarracenen durch einen
engel erhält, kann der italienische autor leicht aus anderen
epischen quellen, wie z. b. aus Turpin geschöpft haben. Die
scene, wo Karl seinen eigenen sohn Callot wegen seiner flucht
zum tode verurteilt, Karaheut ihn aber auf Naimes' antrieb
losbittet, ist vermutlich eigene erfindung des Italieners; des
enthusiastischen beifalls, den ihr Rajna zollt, scheint sie mir
wenig würdig. Was über die unursprünglichkeiten in der Ch. O.
gesagt wird, trifft zum teil mit den obigen ausführungen zusammen. Jedoch finde ich die flucht der Heiden im franz.
gedicht kaum schlechter motiviert als im Uggeri: auch im
letztern ist das Sarracenenheer noch unversehrt, der sultan Ysoré
lebt noch und ist noch im besitz der stadt; nur Karoel und
Sadonio sind gefallen, wie in der Ch. O. Brunamont. Hingegen
finde ich im italienischen gedicht selbst weit weniger ursprüng-
liches als Rajna. Viele und umfangreiche stücke fehlen hier,
welche man nicht ohne weiteres der franz. vorlage absprechen
dürfte. Wenn Rajna ein besonderes gewicht darauf legt, dass
gerade der schluss, in dem Gloriande eine so hervorragende
rolle spielt, in der Ch. O. so bedeutend abweicht, so muss
doch bemerkt werden, dass die fr.-it. version auch im ersten
teil beträchtliche deficits gegenüber der Ch. O. zeigt: so fehlt
völlig die einleitung, welche die anwesenheit des Dänen am
fränkischen hof motiviert und ohne zweifel schon dem ältesten

gedicht eigen war; so fehlt nicht nur Brunamont am schluss, sondern auch vorn Danemont, der doch als des sultans sohn und als oberbefehlshaber der Sarracenen in der ersten schlacht eine hervorragende rolle spielt. Zu diesen deficits gesellen sich zahlreiche abweichungen in den einander entsprechenden partien. Für einige derselben giebt Rajna selbst zu, dass sie auf neuerungen beruhn, so was Aloris anwesenheit beim heere, Callots ankunft, das zweite paar beim doppelzweikampf anlangt. Unter diese fälle gehört aber gewiss auch die eigentümliche erzählung, wie Karoer und Uggeri ihrer gefangenschaft ledig werden: Karoer lässt Ysoré sagen, er wolle sich taufen lassen, wenn Uggeri nicht freigelassen würde; darauf wird Uggeri von den Sarracenen und Karoer von den Franken in freiheit gesetzt. Aber die gefangenschaft beider ist zwecklos ohne den darauf folgenden kampf Ogiers für Karaheut und Gloriande gegen Brunamont und steht so völlig in der luft. Schliesslich ist es dem toleranten geiste der dichtung und der characteristik der persönlichkeiten zuwider, wenn Karoer durch Uggeris hand fällt. Der vergleich mit Roland und Eaumont in Aspremont trifft nicht zu, weil Eaumont sich seinen gegner nicht im mindesten durch eine solche tat des opferwilligen edelmuts verpflichtet hat, wie Karoer den Ogier. Der fr.-it. bearbeiter hat sich überall an den kern der sache, an die person Ogiers und an die hauptfacta gehalten, auf kosten Danemonts hat er Karoer und Sadonio in der ersten schlacht in den vordergrund gestellt und ebenso am schluss das schicksal Brunamonts auf sie übertragen.

Bezüglich der altnordischen version[1] ist man einig, dass die abweichungen derselben von Ch. O. der franz. vorlage zuzuschreiben sind. Aber über das verhältnis dieser vorlage zur Ch. O. sind die ansichten geteilt.[2] Jedenfalls stehn sich die

---

1) Karlamagnús Saga ok kappa hans. Udgivet af C. R. Unger. Christiania 1860. s. 76—125.

2) Vgl. Unger a. a. O. s. XVI. — G. Paris, Bibl. Éc. Ch. XXV s. 111. — Storm, Sagnkredsene om Karl den Store. s. 50 ff. — Rajna, Rom. II, 163.

altn. und die franz. version sehr nahe. Vielfach entsprechen die capitel der KS direct den franz. laissen,[1] so KS cap. V = Ch. O. ls. 6 (v. 262 ff.), VI = 7 (v. 284 ff.), XXII = 52 (v. 1757 ff.), XXIII = 53 (v. 1800 ff.), XXVII = 57 (v. 1948 ff.) u. s. f.; meist aber umfassen sie mehrere laissen oder stücke von mehreren solchen, vgl. noch cap. IV = 4 (v. 194 ff.) + 5 (v. 202 ff.), VII = 8 (v. 319 ff.) + 9 (330 ff.), XXXVI = 67 (2294 ff.) + 68 (2321 ff.) + 69 (2373 ff.). Wo die franz. laissen auf verschiedene capitel verteilt sind, geschieht es in der regel mit rücksicht auf den verschiedenartigen inhalt: so gehört von ls. 16 (v. 537 ff.) die erste hälfte (537—45) mit Aloris flucht zu cap. X, welches die schlacht beschreibt, die zweite (546—70) bildet mit der ersten hälfte der nächsten laisse (571—604) das XI. cap. und erzählt Ogiers erstes auftreten und eingreifen, während die zweite hälfte dieser laisse (605—12) wider zum XII. capitel gezogen ist, wo von Karl die rede ist. Ein anderes beispiel: den 3 capiteln XXIV, XXV, XXVI entsprechen 3 tiraden, no. 54 (1837 ff.), 55 (1863 ff.), 56 (1901 ff.); die tiraden sind aber auf die capitel so verteilt, dass cap. XXIV tir. 54 und den grössten teil von 55, den kampf zwischen Ogier und Karaheut enthält, cap. XXV den schluss von tir. 55 und die erste hälfte von tir. 56, nämlich den kampf zwischen Carlot und Sadone, cap. XXVI den schluss von tir. 56, die fortsetzung des kampfes zwischen dem ersten paar und das hervorbrechen Danemons. Zuweilen sind nur grammatische dittologieen die ursache für trennung der laisse, wie z. b. gleich hier in ls. 55 die letzten 4 verse nur das in der nächsten laisse zunächst folgende ankündigen: d. h. die dittologieen geringeren umfangs werden in der KS ignoriert.

Schon diese äusseren entsprechungen lassen auf ein ähnlich enges inhaltliches verhältnis der beiden versionen schliessen. Die abweichungen bestehen in vereinzelten zusätzen, wenigen

---

1) Um irrungen zu vermeiden, zähle ich hierbei die laissen nach den teilungen der ausgabe, resp. der hss., auch wo mehrere laissen mit demselben assonanzvocal, wie v. 330 ff., 384 ff., 397 ff. auf einander folgen.

missverständnissen und zahlreichen auslassungen. Zuweilen hat
die KS, resp. die vorlage, widersprüche, die wir in Ch. O.
finden, zu glätten versucht. So ist der widerspruch in dem
kampfobject zwischen Ogier und Brunamont zu gunsten der
jüngeren darstellung beseitigt, indem Oddgeir sagt: *Jafnmæli
skal með okkr vera, segir hann. Nú ef þú hefir herru hlut
í okkru riðrskipti, þá skaltu hafa meynu, ok skal Karvel enga
rán eigu eða tilkall síðan til hennar* (cap. 40, wozu man
ls. 2581 ff. vgl.). Ähnlich hat sich der bearbeiter Gloriandes
benehmen gegen Brunamont zurechtgelegt, um es mit dem vorhergehenden in einklang zu bringen, er lässt sie gegen Brunamont heucheln und hinter dessen rücken die wahrheit sagen.

2766 „Sire," dist el „ben resaullés prodome.
Gardés le Franc qu'il ne vus escap
unques."

68 „Bele," dist il „el vus ben l'otroiomes.
A vus iert France, car nos le conquer-
romes.
Mort u venen Ogier vos rendrromes."

71 „Sire" dist ele „grans honors vos abonde!
Au repairer vos en irai encontre;
Si vous prendrai, car mes peres m'i done."

74 A ces paroles, rois Brunamons s'entorne,
Dessi au Toiere ne s'areste il unques.

c. 41 „Burnament," segir hon, mikill skö-
rungr ertu, kosta nú ok gefst vel ok lát
þat spyrjast ok eir þú Oddgeiri enum
danska."

Þá svarar Burnament: „At vísu konungs
dóttir, segi ek þér þat, at ek skal eigi
drepa hann, en fyrir þen yðra þá skal
ek færa þér hann krikan."

Konungs dóttir svarar: „Vel mælir þú nú,
Burnament," segir hon „þú skal vera sam-
gangr okkarr, er þat er syst.
Síðan reid hann í brott til hólmstefnu.

Þá hét Gloriant á guð sinn, ok bad þess at
hann skyldi aldri aptr koma.

In diesen fällen liegt die neuerung zweifellos auf seiten
der KS. Fraglicher sind einige andere fälle von grösserer bedeutung. Im eingang fehlt die liebesscene mit des burggrafen
tochter und somit die erzeugung Bauduinets. Ich stimme
denen bei, welche das fehlen der episode aus einer absicht-
lichen auslassung erklären. Dass die KS von Bauduinet wusste,
zeigt der zusatz der hs. A in cap. 1: *Oddgeir átti son er Bald-
vini hét* etc., aber der altn. übersetzer strich die episode, weil
er von Bauduinet nichts weiter wusste und das lied von Bauduinets tod, auf welchen sie anspielte, nicht kannte. Die
weitaus bedeutendste abweichung aber findet sich am schluss
(cap. 46—54), wo die Christen im bunde mit Karvel gegen
einen neuen feind, den könig Feridan von Cordes, kämpfen,

7

welcher Gloriants vater erschlagen hat. Auch diese, übrigens
sehr ausgedehnte episode halte ich mit G. Paris für moderner.
Gleichwohl bin ich nicht der meinung, dass die vorlage der
KS direct auf die 1. branche der Ch. O. zurückzuführen ist.
An einer stelle hat z. b. die KS altes bewahrt. So ist es in
Ch. O. ein offenbarer widerspruch, wenn Karl nach dem Alpen-
übergang Ogier das leben schenkt, ihn nachher aber wider
hinrichten lassen will:

> v. 292 *Ogier, dist Kulles, Dex a orré par mi;*
> *Or ros doins trices, a scür es de mi,*
> *Que n'i serés ne pendus ne ocis.*

— — — — — — — —

> 352 *Names, dist Kulles, il m'est forostagier,*
> *Se Dex en France me laist ja repairer,*
> *Je lo ferai occhire et detrencher.*

Das ganze wird nur verständlich durch einen zusatz bei der
ersten stelle, der uns nur in der KS überliefert ist (cap. 6):
*en þó skaltu i gridum rera, til þess er ek kem heim til
Parísar.*

Vor allen dingen aber spricht für eine andere vorlage
derselbe grund, wie bei der franco-italienischen version: nichts
weist darauf hin, dass die fremden bearbeiter ein epos in der
art der Ch. O. gekannt hätten.[1] Die erste branche der Ch. O.
selbst muss auf ein selbständiges gedicht über die Enfances
zurückgehn. Wir kommen also zu der annahme, dass das
fr.-it. gedicht, die I. branche der Ch. O. und die vorlage der KS
unabhängig von einander aus derselben vorlage geflossen sind.

Die resultate des capitels will ich im folgenden kurz
zusammenfassen.

Das gedicht über die Enfances Ogier ist eine nachbildung
der alten Chanson d'Aspremont, hat somit wie diese zur historischen grundlage die Sarracenenkämpfe des 9. und 10. jahrh.
in Italien, an dem helden selbst aber ist nicht mehr das geringste
historisch. Der dichter der Enfances hat Ogier zum Dänen

---

1) Vgl. oben s. 39 f.

gemacht, welcher in dieser neuen form ausserordentlichen beifall gefunden hat. Im 12. jahrhundert wurde das alte gedicht überarbeitet, neue personen und mit ihnen die ganze mittlere partie des gedichts neu hinzugefügt. Auf diese neubearbeitung gehn alle erhaltenen älteren versionen, nämlich die I. branche der Ch. O., das franco-italische gedicht und die vorlage der Karlamagnússaga zurück.

VIII. Capitel.

Der Sachsenkrieg.

Was den letzten fünf branchen der Chev. O. zu grunde liegt, ist wohl als die jüngste der dichtungen zu betrachten, aus welchen die Ch. O. zusammengesetzt ist: dieser teil schildert uns Ogier ganz im stile der Enfances als Sarracenenbesieger zum heile Karls und Frankreichs. Ferner aber findet sich hier wenig originelles, weder anknüpfung an den geschichtlichen Autcharius, noch viel eigene erfindung des dichters: die herbeischaffung des streitrosses, der zweikampf mit dem riesenhaften Brehier, die befreiung der königstochter aus England, alles das sind motive, die auch anderwärts häufig widerkehren. Diese verhältnisse machen die ganze untersuchung dieses teiles schwierig. Denn da der inhalt zum nicht geringen teile anderen erzählungen nachgebildet erscheint, um nicht zu sagen zusammengeraubt ist, so kann man nur schwer unterscheiden, was denn nun den eigentlichen kern ausmacht, was unter die späteren zutaten gehört, oder ob nicht von haus aus schon das gedicht ein conglomerat verschiedener bestandteile ist.

Ich glaube auch hier, dass wir in der fassung der Ch. O. nicht das original haben, und ferner, dass die scandinavischen und italienischen bearbeitungen nicht auf die Ch. O. zurückgehn. Das erstere wird uns durch widersprüche im gedicht selbst bestätigt, welche auf die tätigkeit verschiedener dichter schliessen lassen; das letztere dadurch, dass die fremden bearbeitungen von der Ch. O. bedeutend abweichen, in gewissen hauptpunkten aber unter einander übereinstimmen. Im einzelnen freilich unterscheiden sich die fremden bearbeitungen unter einander und von der Ch. O. der art, dass die gemeinsame quelle sich nur ungefähr reconstruieren lässt.

Das buch der Karlamagnússaga, welches die hierher gehörenden taten Ogiers beschrieb, ist uns leider verloren, und wir müssen uns mit der kurzen erzählung begnügen, welche die dänische Karl Magnus Kronike in ihrem VIII. buche giebt.[1] Das Italienische bietet uns drei texte: den franco-italienischen des mscr. XIII, das auch schon die Enfances enthält, und zwei toscanische, ein gedicht in 3500 gereimten Ottaverimen und eine in die geschichte Rinaldos eingefügte prosaversion, welche der ottaverimendichtung sehr nahe steht.[2] Von diesen drei texten ist, soweit mich Rajnas inhaltsangaben urteilen lassen, der franco-italische nicht nur der zeitlich älteste, sondern auch an inhalt altertümlichste. Einiges, namentlich die übereinstimmende einleitung von Uggeris botschaft nach Verona, weist auf eine gemeinsame vorlage, wenn nicht der text des mscr. XIII selbst vorlage für die toskanischen war. Wo aber die toskanischen bearbeitungen von der franco-italischen abweichen, entfernen sie sich zugleich von den übrigen alten bearbeitungen. Sie führen den typus der intriganten, Gano und die Mainzer ein: Gano verleitet Carlot, Baldovino zu töten, Gano rät dem kaiser, Uggeri im gefängnis verhungern zu lassen. Hier erst treten zauberhafte wesen auf, wie die Fee, welche von Uggeri gerettet wird und ihm nachher gegen Brañer beisteht, oder der schreidämon, vermittelst dessen derselbe alle gegner niederwirft. Baldovinos tod wird zwar erzählt, aber nicht die dazu gehörige schachepisode: Baldovino fällt im turnier. Neue per-

---

1) Herausgegeben von C. J. Brandt, Romantisk Digtning fra Middelalderen. III. Kjøbenhavn 1877 (s. 176—80). — In Cristiern Pedersens bearbeitung hg. in Pedersens Danske Skrifter, b. V (s. 120—23).

2) Über die italienischen bearbeitungen hat ausführlich gehandelt Rajna, Romania III, 31—77. — Inhalt des fr.-it. gedichts siehe auch bei Ad. Keller (Romvart s. 71—73) u. Guessard (Bibl. Éc. Ch. XVIII, 406—8).

sonen, entlehnte und erfundene, wie Marsilio und Lucano, werden hinzugefügt. Die motive werden bis zum übermafs übertrieben: so werden hier ausser Naimes alle fränkischen paladine, Roland, Desiderius, Olivier u. s. f., besiegt und gefangen, ja sogar kaiser Karl selbst. Traditionellen wert können somit die toskanischen texte nicht beanspruchen, auf keinen fall war ihre vorlage älter als die des mscr. XIII. Ich halte mich daher für die italienische überlieferung lediglich an dieses.

Um eine klare übersicht über das verhältnis der entsprechungen und abweichungen in den für die weitere untersuchung in betracht kommenden texten zu geben, stelle ich im folgenden die inhaltsangaben der dänischen Karlmagnuskronike, des mscr. XIII und der Chev. O. nebeneinander:

Karlmagnuskronike.	Mscr. XIII.[1]	Chevalerie Ogier.
	Nach der rückkehr aus Italien (Enfances) hat Uggeri herzog Naimes' tochter Floriamon geheiratet u. von ihr einen sohn Baldovino bekommen.	
Der papst lässt dem kaiser melden, könig Amarus von Africa sei in Italien eingefallen. Ein fränkisches her unter Karlot und Udger zieht über den Mongien nach Italien. In der zwischen Heiden und Christen entbrennenden schlacht tötet Amarus den Christen Serus. Diesen zu rächen reitet der ehrgeizige Kar-	Maximo Cudé, fürst von Marmora (d. i. Verona) hat einen gesandten Karls hängen lassen, der tribut zu fordern gekommen war. Nun sendet Karl Uggeri den Dänen, der nach anfänglicher weigerung nach Marmora geht. Maximo stellt dem Dänen die wahl zwischen verläugnung des christlichen glaubens und tod.	Nach der belagerung von Castelfort ist Ogier Karls händen glücklich entronnen (br. VII).

1) Diese inhaltsangabe kann auf detaillierte genauigkeit keinen anspruch machen, da der fr.-it. text nicht gedruckt ist und auch Rajna — welcher den schwerpunkt auf die toskanischen versionen legt — keinen ausführlichen inhalt giebt.

Karlmagnuskronike.	Mscr. XIII.	Chevalerie Ogier.
lot trotz U's. warnung gegen Amarus. wird aber von diesem aus dem sattel geworfen. Hierauf erschlägt U. den Amarus. Die Heiden werd. besiegt.	U. schlägt dem Maximo unversehens den kopf ab. Die einwohner von Marmora unterworfen und bekehren sich.	
Darnach schlägt Karlot U. mit dem schwert, weil dieser ihn des ruhms beraubt hat, Amarus zu töten. Udg. wehrt sich nicht, bietet vielmehr sühne. aber Karlot lässt nicht nach, bis sein schwert in Udgers bein stecken bleibt.	Carlot ist neidisch auf Ug., weil dieser, nicht er. vor Rom Karoer und Sadonio getötet hat. Er will sich rächen dafür an U's. sohn Baldovino. Er erschlägt diesen auf der jagd. Auf Naimes' bitte begnadigt der Kaiser seinen sohn. U. kehrt zurück, hört das geschehene und verzeiht Carlot. Aber beim schachspiel gerät er später mit ihm in streit.	
Da erschlägt Udger den Karlot.	Da erschlägt Uggeri den Carlot.	
Udger kehrt mit dem leichnam heim nach Frankreich und wird gefangen genommen.	Ug. wird überwältigt und gefangen genommen.	Ogier wird schlafend bei Ivorie von dem aus Rom kommenden Turpin gefunden und gefangen nach Rheims geführt.
U. wird verurteilt, auf 3 Jahre eingemauert zu werden und täglich nur ein brot und eine schale wein zu bekommen.	Ug. soll sterben, auf Rolands verwendung aber wird er gefangen gesetzt und soll nur wasser, ein brot und einen teller fleisch bekommen: so werde er bei seinem riesenappetit bald sterben, hofft Karl.	Karl, benachrichtigt, will O. von pferden zerreissen oder aufknüpfen lassen. Turpin und die barone bitten für O. Auf Turpins vorschlag soll O. gefangen gesetzt werden bei einem brot, einem viertel schinken u. einem krug wein und wasser täglich und so langsam verhungern.

Karlmagnuskrønike.	Mscr. XIII.	Chevalerie Ogier.
Die kaiserin lässt für U. grosse brote backen und eine grosse schale fertigen.	Roland sorgt für U., indem er ihm riesenportionen verabreichen lässt.	Turpin lässt für Og. riesenbrote backen etc.
	Verbot Ogier zu nennen. —	Abermalige fürbitte der barone abgewiesen. Verbot, Ogier zu nennen. Ogier wird tot gesagt (br. VIII).
Nach 3 Jahren macht von Spanien her der Heidenkönig Maskabret einen angriff.	Der Heidenkönig Braier fällt in Frankreich ein und fordert Karl zum übertritt zum Heidentum auf.	Daher wagt jetzt Brehier, könig von Africa, Babilonien und Sachsen, einen angriff auf Frankreich.
	Grosse schlacht. Darnach fordert Br. Karl zum einzelkampf. Schon durch sein gebrüll erschreckt Br. die christlichen helden. Alle ausser Roland werden überwunden und gefangen.	Doon de Nantueil wird im einzelkampf besiegt und nebst 25 rittern in die flucht geschlagen.
Aber es ist niemand da, der für den alten kaiser das heer führen kann. Naimes erinnert den kaiser an Ogier.	Roland weiss, dass nach einer prophezeiung nur U. siegen kann, und berät sich mit Naimes. Sie überlisten Karl mit der nennung von Us. namen. An diesen verweist Roland den kaiser.	Karl, an Ogier erinnert, verbietet bei todesstrafe dessen namen zu nennen. Aber 300 ritterssöhne übertreten das verbot gleichzeitig und verlangen Ogier. Nun redet auch Naimes gegen den kaiser v. Ogiers hilfe.
Aber der kaiser glaubt ihn tot. Ein ritter versichert, dass er noch lebe. Naimes verbürgt sich für Us. guten willen.		Aber der kaiser glaubt ihn tot. Naimes rät nach ihm schicken zu lassen.
	Karl willigt ein.	Karl geht selbst nach Rheims.

Karlmagnuskronike.	Mscr. XIII.	Chevalerie Ogier.
Vier herzöge werden nach U. gesandt. Dieser sprengt die mauer seines gefängnisses — es war bei einer kirche — auseinander.		Voraus gehn einige valvassoren. Bei ihrer ankunft sprengt O. die mauern des kerkers.
Er erklärt sich zum kampf bereit.	Aber U. will nicht, wenn er nicht Karl drei schläge mit s. schwerte geben darf. Roland bewegt Karl zur zustimmung.	Aber O. verlangt rache für Bauduinet und macht zur bedingung, dass er Carlot töten darf. Auf Naimes' rat willigt Karl ein.
		Ogier wird aus dem kerker befreit und gebadet. Da ihm keins der vorgeführten rosse genügt, wird schliesslich Broiefort aus dem kloster Meaux geholt, wo es steine geschleppt hat: das alte treue tier erkennt ihn.
		Auch sein schwert Cortain erhält er von Turpin wieder.
	U. erteilt dem kaiser drei sanfte schwertschläge.	Im feldlager widerholt U. seine bedingung. Naimes bewegt Karl, das heil Frankreichs höher zu stellen als seines sohnes leben. Karl betet. Og. hebt schon das schwert zum todesstreich gegen Carlot, als der hl. Michael herniederkommt und es verbietet.
U. kommt zu Karl, sie versöhnen sich. U. wird zum herzog und feldhauptmann ernannt.		Versöhnung (br. IX).

Karlmagnuskronike.	Mscr. XIII.	Chevalerie Ogier.
U. tötet Maskabret.	Kampf mit Braier und den Heiden.	Kampf mit Brehier (br. X).
		O. rettet eine königstochter aus der gewalt von fünf Heiden. Neue kämpfe. Die dame reitet nach dem lager, hilfe zu holen (br. XI).
		Karls ankunft mit dem heer. Abermals neue kämpfe.
Sieg über die Heiden.	Sieg über die Heiden.	Endlicher sieg über die Heiden.
	Befreiung der gefangenen paladine.	
		Ogiers hochzeit.
Ogier geht nach Dänemark und ist dort noch lange könig.		Og. mit Hennegau und Brabant belehnt.
		Liegt in Meaux neb. Benedict begraben (br. XII).

Die übersicht giebt, wie man sieht, ein merkwürdiges bild. Nicht einmal die hauptpunkte stimmen in allen drei versionen überein. Bald stimmt die franz. version mit der italischen gegen die nordische, wie z. b. in dem namen Brehiers, in dem verbot Ogier zu nennen, bald wider mit dieser zusammen gegen jene, wie dass Ogier die gefängnismauer zerbricht, dass Naimes Ogiers befreiung aus dem kerker veranlasst; einzelnes teilt die fr.-it. bearbeitung mit der franz., anderes wider mit der nordischen, wie namentlich den tod Carlots, u. s. f. Ein gemeinsames original aber, das sieht man deutlich, muss existiert haben, wenn vielleicht auch für diese oder jene version noch ein mittelglied anzusetzen ist. Zu einem teil werden die differenzen, namentlich aber das fehlen dieses oder jenes moments in der einen version, auf mangelhafter überlieferung beruhen. Besonders die dänische fassung scheint arg gekürzt — was übrigens ganz zu dem verhältnis der Kronike zur Saga überhaupt stimmt; sie umfasst im druck kaum vier kleine octavseiten und erzählt gegen das ende, von Udgers befreiung und seiner versöhnung mit Karl ab, sehr summarisch. Man braucht also nicht anzunehmen, dass alles, was der Kronike mangelt, auch im original nicht gestanden hätte. Ausführlicher ist das fr.-it. gedicht, es mag gegen 2000 bis 2200 verse umfassen. Aber hier ist noch mehr vorsicht geboten als bei der dänischen chronik. Diese kürzt blos, aber der italienische dichter arbeitet teils mit mangelhaft überliefertem material, teils mit willkür, wie schon die untersuchung der Enfances gezeigt. Am längsten und am inhaltreichsten sind die branchen des franz. gedichts: nahezu 3850 verse, die aber altes und neues mischen.

Vermutlich erst dem redactor der Ch. O. gehört die in branche XI erzählte befreiung der tochter des königs von England durch Ogier und damit in zusammenhang die hochzeit beider am schlusse des gedichts.[1] Es ist ein echtes, dem bretonischen sagenkreis entlehntes Artusabenteuer, wie denn gerade in diesem letzten teile könig Artus selbst mehrfach, v. 11348, 12243 genannt wird und noch anderes, wie 11272 die feen auf der insel Coldeÿs als verfertiger eines schwertes, daran erinnert. Am nächsten steht inhaltlich aus den gedichten des bretonischen sagenkreises die scene aus dem anfang des Bel Inconnu, wo der held die jungfrau Clarie aus den händen zweier riesen rettet; merkwürdig, wenn auch vielleicht nur zufällig ist, dass im prosaroman von Ogier die englische königstochter Clarice heifst. Das ganze ist episodenhaft und passt nicht zum vorhergehenden. Nach v. 11398 ff. ist Karl vom kampfplatz nicht weit, da er das geschrei des entsattelten Brehier hört. Aber weder er noch die Franken zeigen sich, als Ogier gesiegt hat, und als nachher die jungfrau um hilfe ins lager kommt, schläft er und träumt!

Ebenso gehört dem redactor wohl auch der gröfsere teil der XII. branche, wo im anschluss an die ereignisse der vori-

---

1) So auch G. Paris, Hist. poét. s. 311. — Rajua, Rom. III, 58.

gen brauche immer neue Sarracenenheere erscheinen und der
sieg der Christen, der doch mit Brehiers tod so gut wie entschieden war, ungebührlich hinausgezogen wird. Das motiv,
dass Karl dem Dänen den steigbügel hält, kehrt zweimal wider,
einmal mitten im kampf, v. 12772 ff., und ein zweites mal beim
einzuge in Laon, v. 12976 ff., beidemal ungefähr mit denselben
reden von seiten Ogiers und Karls: ohne zweifel ist hier eine
stelle des originals vom redactor nachgeahmt und so verdoppelt
worden.

Ogiers kampf mit Brehier hat unzweifelhaft dem alten
gedichte angehört, er bildet noch jetzt den mittelpunkt des
ganzen. Rajna hält das motiv mit Christi balsam, in dessen
besitz sich Brehier befindet, für spätere zutat, weil es aus
Fierabras entlehnt sei. Aber das schweigen der fremden überlieferungen über diesen punkt beweist wenig. Die fr.-it. version hat ein neues motiv erfunden, das furchtbare schreien
Braiers, indem der verfasser vielleicht etymologisierend den
namen Braier mit franz. ‚braire‘ zusammenbrachte und dabei
an die stelle v. 11381 ff. dachte, wo der Heide über seinen
sturz vom pferde ein furchtbares gebrüll erhebt. Das ist
zweifellose neuerung des Italieners.[1] Was aber im franz. gedicht von dem zweikampf erzählt wird, mag vielleicht doch
schon der gemeinsamen vorlage der drei texte angehört haben.
Die ganze darstellung trägt überhaupt einen stark compilatorischen charakter: der heilkräftige balsam ist nicht das einzige,
was aus anderen quellen entlehnt ist. Schon die äußere er-
scheinung, die riesenhafte länge des Sarracenen erinnert an
bekannte figuren: Fierabras misst 15 fuſs, Fernacutus im Pseudoturpin 12 ellen, Brehier 17 fuss. Noch zahlreicher als mit Fierabras sind die übereinstimmungen mit dem zweikampf zwischen
Roland und Fernacut. Wie dieser nur am nabel verwundbar,
ist Brehier nur durch kopfabschlagen zu töten. Beide bekom-
men im verlauf des kampfes bedürfnis nach schlaf, und der
christliche held wacht über seinem heidnischen gegner — übri-

---

1) Vgl. dazu Rajna, Rom. III, 68 ff.

gens ein echt epischer zug, der ähnlich auch anderwärts widerkehrt. Wie Roland seinem gegner, legt Ogier hier dem Brehier einen stein als unterlage unter den kopf. Ogiers missglückter bekehrungsversuch vor beginn des kampfes scheint eine reminiscenz an das glaubensgespräch im Turpin; gerade an dieser stelle, v. 11349, wird der kampf Rolands mit Fiernagu erwähnt. Man wird nicht behaupten wollen, dass alles, was aus Fierabras und Turpin entlehnt ist, erst zutat des letzten überarbeiters sei: für das alte gedicht würde dann wenig mehr übrig bleiben als das einfache factum von Ogiers sieg über den Heiden. Vielmehr dürfen wir glauben, dass schon der dichter des originals compiliert hat, dass aber die ausländischen versionen manche einzelheiten verwischt haben.

Der dichter des originals hat unter dem Sarracenen- und Heidenkrieg sich ursprünglich einen Sachsenkrieg gedacht. Brehier wird unter anderem könig von Sachsen genannt, wie gleich im eingang v. 9801; nachher, v. 12268, ist Hertu als Sachsenkönig bezeichnet. Das heidnische heer nähert sich von osten, v. 9828 ff.: sie betreten Karls reich, Brehier reitet voran, ganz Deutschland setzen sie in schrecken — von hier aus gelangen sie nach Laon. Der überarbeiter hat das freilich zum teil verwischt: wenn v. 12153 ff. Beliant als könig von Cordova und Aquitanien auftritt und hier von seinen schiffen und häfen die rede ist, so ist dabei nur an die traditionellen spanischen Sarracenen gedacht. Dass auch die fremden bearbeitungen die Sarracenen wie üblich aus Spanien kommen lassen, ist nichts auffälliges und kann leicht auf missverständnis oder willkür beruhn.

Die allgemeine vorstellung vom Sachsenkrieg ist aber nicht das einzige. Pio Rajna[1] hat die interessante parallele zwischen dem hier erzählten und dem Sachsenkrieg von 622 hervorgehoben, wie er im 41. capitel der Gesta regum Francorum berichtet wird. Hier zieht der Sachsenhäuptling Bertold

---

1) Le origini dell' epopea francese. Florenz 1884. s. 123. 265.

gegen die Franken zu felde. Clotars sohn und mitregent Dagobert besteht ein erstes treffen gegen ihn, fühlt sich zu schwach
zum widerstande und sendet an Clotar um hilfe — man vergleiche den ersten kampf gegen Brehier und die darauf folgende entmutigung der Franken, welche schliesslich bei Ogier
hilfe sucht. Als Dagobert ankommt, verbreitet sich die nachricht ins feindliche lager, aber Bertold glaubt es nicht, denn
Clotar sei ja tot — in unserem gedicht greift Brehier das
Frankenreich an, weil er von Ogiers tod gehört und nun niemand mehr fürchtet; als ihm Ogier aber leibhaftig entgegentritt,
will er nicht glauben, dass es Ogier selbst sei. Nachher besteht Clotar einen zweikampf gegen Bertold und schlägt ihm
den kopf ab -- nicht anders als Ogier und Brehier. Mit dem
erbeuteten kopf kehrt er zu den seinigen zurück, die ihm
nicht hatten folgen können — auch in Ch. O. sind die Franken
mit Karl dahinten geblieben.

Der dichter hat also ein altes motiv aufgegriffen und
daraus den hauptinhalt seines neuen gedichts geschöpft, oder
einfach ein altes lied von Clotar umgearbeitet und auf seinen
helden bezogen. Vielleicht wirft diese beziehung zwischen
Clotar und Ogier einiges licht auf die merkwürdige stelle bei
Alberich von Trois-Fontaines.[1] Der chronist kannte vielleicht
noch das alte lied von Clotar (Lotharius superbus), daneben
aber schon das neue lied und die, übrigen chansons von
Ogier, den er mit Pipins gesandten (Auctarius) für identisch hielt.

In dem gedicht vom Sachsenkrieg erscheint Clotar als
unerwarteter, totgeglaubter helfer und sieger: das ist auch
Ogiers rolle in unserem gedicht. Diese rolle zu motivieren,
wird die erzählung von Ogiers gefangenschaft vorausgeschickt:
man sieht, wie eng dieselbe mit dem folgenden zusammenhängt
und nur auf der vorstellung von dem plötzlich erscheinenden,
vorher verborgnen oder entfernten helfer basiert.

---

1) *Auctarium ducem qui in cantilena vocatur Lotharius superbus.*
S. oben s. 13.

Es ist also eine sagenhafte oder dichterische erfindung, und man würde irren, wenn man aus dieser episode rückschlüsse auf das schicksal des historischen Autcharius machen wollte. Ob schon im alten gedichte die gefangenschaft Os. zu Rheims localisiert war, wissen wir nicht; vielleicht ist dies erst eine folge der beziehungen, welche die Ch. O. hier zwischen O. und Turpin herstellt. Jedenfalls aber ist diese localisierung für die stadt Rheims von bedeutung geworden, denn es hat sich hier infolgedessen eine ganze localtradition über Ogier ausgebildet, worüber Demaison sehr interessante mitteilungen gemacht hat.[1] Die *porte Cerele*[2] oder *Chartre*, wo nach der Ch. O. der held gefangen sass, existierte wirklich zu Rheims. Man nannte sie daher ,la chartre Ogier, la tour Ogier'; die metropolitankirche führte noch 1701 sogar schenkungen auf Ogier zurück; häufig wurden häuser nach Ogiers namen benannt.

Darin, dass Ogier gefangen gesetzt wurde, stimmen alle drei bearbeitungen überein, aber über die ursache der gefangennahme gehn sie auseinander. Die Ch. O. verknüpft sie mit der belagerung von Castelfort, die fr.-it. dichtung mit Bauduinets tod, die Kroníke mit einem Sarracenenkrieg in Italien, der an die Enfances erinnert. Hier zeigt nun trotz aller sonstigen verschiedenheiten die übereinstimmung zwischen den beiden letzteren texten deutlich das ursprüngliche verhältnis an: Ogier hat den Carlot erschlagen, nachdem ihn dieser aus neid und eifersucht schwer gereizt. Über die äußere veranlassung dieses mordes aber gehn die beiden versionen wider auseinander. Ob die fassung der Karlskronike die ursprüngliche ist, lässt sich nicht mit bestimmtheit behaupten. Aber man darf wohl sagen, dass die fr.-it. version unursprünglich

---

1) L. Demaison, Les portes antiques de Reims et la captivité d'Ogier le Danois. Travaux de l'académie nationale de Reims. Band 65 (1881) s. 433—58. — Der verfasser des Huon von Bordeaux, welcher eine ausführliche inhaltsangabe der Ch. O. giebt (Ausg. v. Guessard u. Grandmaison v. 97 ff.) hat noch weiteres in Rheims localisiert.

2) So liest die bessere hs. B. Hs. A hat porte Martre.

ist. Denn man sieht wohl, dass die erzählung von Bauduinet und vom schachspiel hier arg entstellt ist[1]: sie weicht nicht nur von der überlieferung in Ch. O., sondern auch von der ältesten bei Metell bewahrten darstellung in dingen ab, die man nur als neuerung bezeichnen kann. So wird Bauduinet nicht beim schachspiel, sondern auf der jagd getötet; nachher findet das schachspiel wirklich statt, aber zwischen Uggeri und Carloto, und der erschlagene ist der kaisersohn selbst. Ganz offenbar ist das gedicht von Bauduinets tod hier nur aptiert worden, um es als einleitung zu Uggeris gefangenschaft zu verwenden. Bedenken wir also einerseits die unursprünglich-keit der fr.-it. darstellung, andrerseits die treue des nordischen übersetzers gegen seine vorlage im allgemeinen, so möchte ich dazu neigen, die in der Kronike gegebene einleitung für ori-ginell, für eigentum des franz. originals, anzusehn. Dass der franz. dichter dabei die Enfances Ogier für seine zwecke ge-plündert, darf uns bei seinen sonstigen compilatorischen nei-gungen nicht wunder nehmen.

Ganz unursprünglich ist hier die franz. überlieferung, welche Carlots tod beseitigt und das folgende nur äusserlich mit der belagerung von Castelfort verknüpft hat: das bestreben des redactors, aus den verschiedenen ihm vorliegenden ge-dichten eine zusammenhängende geschichte zu componieren, tritt hier deutlich zu tage. Dass hier nicht alles in ordnung ist, zeigt auch die überlieferung: fortwährend mischen sich in der darstellung von Ogiers gefangenschaft zwei vorstellungen. Nach der einen erfüllt Turpin seine pflicht gegen den kaiser dem worte nach und zugleich gegen Ogier, indem er ihm alles, was der kaiser bewilligt hat, in riesenportionen reichen lässt, ihn aber im kerker eingeschlossen hält — so v. 9572 ff., 9764 ff.; nach der anderen gestattet er Ogier das behaglichste leben, schachspiel, verkehr mit damen und cavalieren der stadt, gang zur messe u. s. f. — v. 9655 ff., 9694 ff. Ohne zweifel ist

---

1) So auch G. Paris (Hist. poét. s. 171), welcher freilich die Ch. O. als unmittelbare vorlage des fr.-it. gedichts betrachtet.

letzteres die neuere darstellung: als Ogier aus dem kerker befreit wird, ist wider nur von der alten situation die rede, Ogier ist hier in niedrigem gefängnis, wie Gunnar in der Edda, von ekelhaftem gewürm umgeben (v. 10221 ff.). Merkwürdig ist, dass gerade eine zweifellos (inhaltlich) alte laisse mit einer berufung auf die quelle beginnt:

> v. 9764 *Li ver racontent de la boine canchon*
> *Sept ans tos plains fu Ogiers en prison.*[1]

Hier scheint mir gewiss, dass der überarbeiter das vorausgehende hinzugedichtet hat und nun mit dieser laisse die vorlage wider aufnimmt.

Wenn, was mir sicher scheint, Carlots tod die veranlassung zu Ogiers gefangennahme war, kann die darstellung der Ch. O. nicht ursprünglich sein, dass Ogier, bevor er in den kampf geht, rache an Carlot verlangt. Wie der redactor der Ch. O. darauf verfällt, ist auch hier wie fast bei allen übrigen Carlotscenen leicht ersichtlich: Ogier verlangt rache für seinen sohn Bauduinet, den Carlot beim schachspiel erschlagen. Die episode gehört also nicht in das originalgedicht, welches die schachepisode nicht enthielt, sondern erst in die gesamtredaction der Ch. O. Es fragt sich nur, was anstatt dessen in dem alten gedicht stand. Nach der Kronike ist Udger ohne weitere bedingung kampfbereit; aber die begründung, er habe das gefängnis als strafe für seine vielen sünden betrachtet, sieht nicht sehr originell aus und passt wenig zu der meinung der kaiserin, dass Udger grosses unrecht geschehen sei. Hier scheint die fr.-it. version ursprünglicher. Uggeri verlangt, den vorausgegangenen ereignissen entsprechend, rache an Karl selbst und will nur unter der bedingung fechten, dass er Karl drei schwertschläge geben darf; als die bedingung gewährt ist, begnügt er sich mit drei sanften schlägen. Etwas ähnliches mag schon in der gemeinsamen vorlage gestanden

---

1) In der hs. B (Barrois II, s. 400):

> *Ce dist li vers en la bone canchou*
> *Que cinq ans fu Ogier en la prison.*

haben. Der franz. redactor, welcher diesem teile seiner Chevalerie eine neue einleitung gab und dadurch Carlot am leben
liefs, brauchte für Karl nur Carlot einzusetzen. Die göttliche
intervention durch vermittelung des hl. Michael war vielleicht
gleichfalls schon im original vorgebildet: dass dieser zug im
fr.-it. gedicht mangelt, wird wenig überraschen; die Kronike
kommt mit ihrer summarischen kürze am schluss kaum in
betracht.

Es erübrigt noch, von einigen episodenhaften elementen
zu reden, welche im gedicht selbst zertreut liegen, aber ursprünglich wohl einer zusammenhängenden darstellung angehören. Als Ogier aus dem kerker befreit ist, verlangt er sein
schwert Cortain und sein ross Broiefort. Hieran knüpft sich
nun eine längere erzählung,[1] wie Broiefort herbeigeholt wird.
Keins der vorgeführten pferde kann den druck von Ogiers faust
aushalten, bis man endlich Broiefort selbst zu St. Faro in Meaux,
wo es den mühlstein hatte ziehen müssen, findet und herbei-
holt. Abgemagert und enthaart wie es ist, leistet es Ogiers
faust doch widerstand, es erkennt seinen alten herrn und lässt
sich vor ihm aufs knie nieder. Nachdem so das ross des
helden gefunden, bekommt er auch sein altes schwert Cortain
wider. Am schlusse des gedichts wird bemerkt, dass Ogier
in Meaux begraben liege.

Diese episoden erhalten einige beleuchtung durch eine
erzählung Alexander Neckams, die derselbe seinem werke ,De
naturis rerum' einflicht[2] und die nachher wider in einer Turpinhandschrift des 15. jahrhunderts auftaucht.[3] Neckam spricht

---

1) Chevalerie, v. 10389—723.

2) Alexander Neckam, De naturis rerum libri duo. Ed. by Th. Wright
1863 (Rer. Brit. med. aevi scriptores XXXIV) s. 263.

3) Vgl. Ward, Catalogue of Romances in the departement of manuscripts in the british Museum I. 1883. s. 579. Meine vermutung, dass die
Turpinhandschrift direct aus Neckam geschöpft, ist durch eine von Herrn
Ward gütigst vorgenommene vergleichung, für welche ich an dieser stelle
meinen verbindlichsten dank ausspreche, bestätigt worden: die chronik
weicht nur in nebensächlichen einzelheiten von Neckams text ab.

von dem innigen verhältnis, das zwischen dem ross und seinem herrn besteht, und führt als beispiel unseren Ogier an. „Mortuo igitur invictissimo triumphatore Karolo Magno, placuit Ogero Daco, militi acerrimo et strenuissimo, gloriosi principis praedicti primipilo, transire ad frugem melioris et tutioris ritae.' Hiernach tritt Ogier in das kloster St. Faro zu Meaux, um hier in ruhe seine tage zu beschliessen. Sein schild wird im kloster aufgehängt, seine waffen hier niedergelegt, sein pferd muss steine zum kirchenbau heranschaffen. Nach einigen jahren machen die Sarracenen einen einfall und belagern Meaux. König Ludwig kommt herbei, vermag aber mit seinem kleinen heere nichts auszurichten. Täglich fordern zwölf erlesene Sarracenen die Franken zum kampf heraus. Da erbittet sich Ogier vom abt die erlaubnis zum kampf. Aber kein ross genügt seiner kraftprobe als jenes, das er selbst mit zum kloster gebracht und das ihn nun wiehernd begrüfst. Darauf wird er mit seinen waffen gerüstet, geht — ohne wissen des Frankenkönigs — hinaus und erschlägt die zwölf feinde. Mit dem christlichen schlachtrufe „Monjoie' ermuntert er die Franken zum kampf, ein vollständiger sieg wird erfochten. Heer und könig erweisen ihm hohe ehre, dem kloster macht Ludwig seiner tapferkeit wegen reiche schenkungen. Nach einem heiligen leben stirbt Ogier in Meaux.[1]

In dieser erzählung ist alles glatt und abgerundet. Man sieht jetzt, weshalb Ogiers pferd in Ch. O. gerade aus Meaux geholt werden muss, weshalb Ogier, der doch soeben mit Hennegau und Brabant belehnt wurde, in Meaux begraben liegt. Weil bei Neckam alles einheitlich und zusammenhängend, in der Ch. O. aber auseinandergerissen und unverständlich ist, kann man nicht annehmen, dass Neckam diese erzählung aus der Ch. O. geschöpft hat, ganz abgesehn davon, dass zwischen

1) Auch in dem gedicht „De laudibus divinae sapientiae' spielt Neckam auf Ogiers begräbnis in Meaux an (a. a. o. s. 455):
Dat mel diis Meldis, lacta, modesta placens.
Militiae Karoli docti ducis atque potentis
Ogeri Daci, corpus honorat eam.

beiden darstellungen grofse unterschiede bestehn, wie z. b. die
Ch. O. von Ogiers eintritt ins kloster nichts weifs und auf der
anderen seite bei Neckam alles in die regierung Ludwigs des
Frommen verlegt ist. Es muss vielmehr Neckam eine quelle
vorgelegen haben, die seinem bericht sehr ähnlich war, und
es kann sich nur darum handeln, ob diese quelle eine latei-
nische legende oder eine französische chanson war. Man könnte
zur ersteren annahme neigen, wenn man die beziehung dieses
berichts zur ‚Conversio Othgerii militis‘ erwägt. Aber es kann
doch nicht eine blosse erweiterung oder fortbildung der Conversio gewesen sein, denn einzelne punkte, welche Neckams
bericht schon der Ch. O. gegenüber characterisierten, wider-
sprechen der Conversio geradezu. Es bleibt von vergleichungs-
punkten eben nur Ogiers eintritt ins kloster und tod daselbst
übrig. Alles übrige aber weist auf engen zusammenhang mit
dem epos hin.

Es ist ein beliebtes motiv der französischen wie der
deutschen heldensage, dass ein in kampf und streit ergrauter
held sich lebensmüde in ein kloster zurückzieht und hier gelegenheit findet, seine alte kriegerische natur zum schutz des
klosters oder auch zum schaden der mönche von neuem zu
erproben. Man denke an Wilhelm von Orange, an Rainouart
und in der deutschen heldensage an Walter von Aquitanien,
Wolfdietrich und Heime; auch der Ilsan des Rosengartens und
aus den dänischen volksliedern der Munk Broder Alsing und
der ‚skallede Munk‘ gehören hierher.[1] Im einzelnen weichen
diese erzählungen viel von einander ab. Hier tritt das ernste,
dort das burleske moment mehr in den vordergrund; bald ist
es ein riese, bald sind es Sarracenen, bald räuber, welche das
kloster bedrohn. Für Ogier ist namentlich die dem kampf
vorausgehende pferdeprobe charakteristisch, welche ähnlich von
Wilhelm, Walter und Heime berichtet wird.[2] Bei Walter ist

---

1) Vgl. noch Grundtvig, Danmarks gamle folkeviser I, 216.
2) Karlamagnússaga IX, cap. 4; Hist. litt. XXII, 526. — Chronicon
Novalese II, 11. — Saga Didreks, hg. v. Unger, cap. 431 u. 432. — Auf

die episode sicher unursprünglich und vermutlich aus einer franz. chanson übertragen;[1] ähnlich verhält es sich wohl mit Heime;[2] bei dem dänischen Svend Felding[3] ist mir die entlehnung aus anderen quellen sicher, da die characteristischen momente hier völlig fehlen, nämlich der aufenthalt im kloster und das hauptmotiv, dass das erwählte ross ehemals den helden selbst getragen hat — es muss bloss ein dänischer hengst sein. So bleibt nur Ogier und Wilhelm übrig. In der KS erscheint das alte motiv schon gestört: Vilhjalm Korneiss ist hier gleich mit dem ersten ross zufrieden; dass es ursprünglich sein ross war, scheint vergessen. Ob die chanson vom ‚Moniage Guillaume' die pferdeprobe enthält, weifs ich nicht, aber die KS spricht dafür, dass sie auch in der afr. Chanson ihre stelle hatte. Und was mir sonst aus dieser bekannt ist, stimmt alles zu der Ogierepisode Neckams: dort ist Ludwig könig der Franken, als Isoré, könig von Coïmbra, Paris belagern kommt; ihn zu bekämpfen, verlässt Guillaume seine eremitei, holt im kloster Aniane — wo er früher mönch geworden — seine waffen und geht nach Paris; er tötet Isoré und schlägt die Sarracenen in die flucht. Eine solche chanson muss dem verfasser vom ‚Moniage Ogier' vorgelegen haben, denn nur so kann es sich erklären, dass Ogier hier entgegen aller sonstigen tradition unter Ludwigs regierung lebt und dass die Sarracenen vor Meaux erscheinen. Ich neige also zu der annahme, dass ein dichter in anlehnung an die tradition von Ogiers mönchwerdung zu St. Faro eine episode aus der tradition des ohnehin schon analogieen bietenden Guillaume auf Ogier übertrug und darnach eine chanson vom ‚Moniage Ogier' fertigte, welche ein späterer dichter für seine chanson von dem Sachsenkrieg

---

die parallele zwischen Ogier und Walter hat schon Huber, N. Jen. Literaturzeitung 1844, s. 389 aufmerksam gemacht; doch kann man nicht alle angeführten beziehungen gelten lassen.

1) So Symons, Heldensage, in Pauls Grundriss der german. Philologie II, 59.

2) Ward, a. a. o. s. 579, betrachtet Walter als muster.

3) Grundtvig I, 358. 404.

Ogiers benutzte und welche Neckam — der 1180 bis 86 sich in Paris aufhielt — noch kannte.

Man kann noch fragen, ob die episode schon dem alten gedicht angehörte oder erst vom überarbeiter eingefügt wurde. Weder die Karlmagnuskronike noch das mscr. XIII spricht davon. Gleichwohl möchte ich sie schon dem alten gedicht zuschreiben. Es scheint nämlich, als wäre die scene in dem dänischen volkslied von Olger und Burmand[1] benutzt. Die gefangenschaft Olgers bei den Heiden wird hier gerade so geschildert. wie in Ch. O. die bei Turpin: nicht ein paar tage, sondern jahre lang hat Olger im gefängnis gelegen, und ist nun krank und schwach geworden. Man vergleiche:

Olger und Burmand
A 26 (= C 14)
„Jeg haffuer licett ett aar om kriing[2]
Haffuer lid bande hunger och thorst:
fuld liden styrke haffuer jeg dertil
att strid ymod Burmand forst.[3]

A 28 (= B 13)
„Men kand y fly meg myn hest igenn
Myn bryne altt saa guod[4]
Thaa jeg giorrit for eders skyld:
Och ride hanom Burmand imuod."

C 17 (vgl. A 31)
Jeg vill giffue thiig den samme hest,
Som thu loster sielff ath riide:
Och jeg vil faa thig thet beste suerdt,
Som thu vill binde vid siide.

Chev. Og.
v. 10361 ff.
Et dist Ogiers: „Chou est cose perdue,
Tant ai geü en ceste cartre mue,
Tote ma force est de mon cors keüe."

v. 10392 ff.
„En la bataille ne serai ja trovés,
Se n'ai mes armes dont je estoie armés
Au jor qe fui en la prison menés,
Et Broiefors me sera delivrés,
Mes bons cevalx ou tant a de bontés,
Mes blanc haubere, mes vers elme gemé,
Mes fors escus, mes espieus noelés,
Cortain m'espée dont li brans est dolés."

v. 10402 ff.
Et dist Turpins: „Vos garnimens rarés,
K'en mon tresor les ai ben enserés;
Car je les ai estroitement gardés;
Mais du ceval sui je mal assenés . . ."

worauf die bekannte erzählung folgt.

---

1) Grundtvig, I, 384 ff. Das gedicht beruht auf den Enfances Ogier, aus denen es den kampf mit Brunamont herausgreift.

2) C: *Her haffuer liggit y femthen aar.*

3) Vgl. hierzu auch die Kronike (Brandt s. 179): *keyseren svaret:* „han er so for hungret, ath han for moy enthet harnisk ath bære . . ."

4) B: *Min bryne oe suerd saa god.*

Aus diesen stellen geht erstens hervor, dass der dichter des volksliedes züge aus Ogiers gefangenschaft in Rheims für sein lied von Ogier und Brunamont entlehnt hat, wozu ihn die ähnlichkeit der situation — beidemal wird Ogier aus dem gefängnis befreit, um gegen einen Sarracenen zu kämpfen — verführt haben mochte; zweitens, dass er eine ausführlichere darstellung als die jetzige Kronike kannte, also etwa eine ausführlichere dänische chronik, von der wir jedoch sonst nichts wissen, oder die schwedische übersetzung oder schliefslich die Karlamagnússaga selbst, in denen beiden uns die betreffenden stücke verloren gegangen sind. In diesem ausführlicheren bericht scheint die rossepisode vorhanden gewesen zu sein, da alles das, wodurch sie im franz. gedicht eingeleitet wird, im dänischen volkslied sich widerfindet. Daraus widerum dürfen wir schliefsen, dass schon die vorlage der KS und somit das franz. originalgedicht die episode enthielt.

Das endliche resultat der langwierigen untersuchung in diesem capitel möchte ich etwa so fassen:

Das gedicht von Ogiers Sachsenkrieg ist schon von haus aus ein conglomerat verschiedener bestandteile, welche jedoch durch den verfasser mit geschick zu einer einheitlichen handlung verflochten sind. Die hauptgrundlage bildeten für den verfasser vermutlich ein altes gedicht oder sonst eine überlieferung über Clotars Sachsenkrieg und ein gedicht ‚Moniage Ogier'. Daneben hat er andere epische quellen, welche ähnliche situationen boten — Fierabras, Turpin oder das diesem zu grunde liegende gedicht von Fernagu — für die détails seiner darstellung ausgeplündert und schliefslich auch aus seiner eigenen erfindung manches hinzugetan. Dies alte gedicht hat der verfasser der KS benutzt. In der fr.-it. bearbeitung ist es mit der erzählung von Bauduinets tod verknüpft, und man muss es dahingestellt sein lassen, ob diese neuerung dem Italiener zukommt oder hiefür eine franz. vorstufe anzusetzen ist. Der gesamtredactor der Ch. O. endlich hat das alte gedicht seiner anordnung der gedichte angepasst, das ganze überarbeitet und noch ein Artusabenteuer eingefügt.

Schlussbetrachtung.

Die figur Ogiers des Dänen ist geschichtlich und von haus aus einheitlich. Wir haben darunter den Franken Autcharius zu verstehen, welcher im Langobardenkrieg von 773/74 eine nicht unbedeutende rolle gespielt hat. Einige wenige züge scheinen in einem der älteren gedichte aus dem leben des Adelchis auf ihn übertragen. Dass er mit dem Otger von Meaux dieselbe person ist, lässt sich nicht mit positiver sicherheit behaupten. Aber die dichtung macht keinen unterschied, und da dem die geschichte wenigstens nicht widerspricht, ist die identität wahrscheinlich. Der beiname des Dänen hat keine historische begründung, sondern ist eine blosse dichterische erfindung.

Die stellung, welche Autcharius in der geschichte gegen Karl den Grossen eingenommen hat, spiegelt sich in den ältesten gedichten wider, wo Ogier als widersacher und rebell gegen Karl erscheint und auf italischem boden kämpfe gegen ihn besteht. Mit diesen, sozusagen historischen gedichten hat zweifellos die Ogierdichtung begonnen.

Diese alten gedichte wurden vermutlich ebensowohl in germanischer als romanischer zunge gedichtet und gesungen. Schon aus dem 9. jahrhundert hat uns der Mönch von St. Gallen eine erzählung überliefert, welche deutliche spuren poetischer gestaltung zeigt. Sie knüpft an die historische belagerung von Pavia an, bietet aber gegenüber der geschichte schon sagenhafte elemente. Wofern es ein lied war — und alle erwägungen sprechen dafür — so war es kein vorläufer der späteren französischen chansons, sondern ein deutsches lied: dafür spricht die eigentümliche gestaltung des stoffes im vergleich zu den französischen gedichten, dafür die heimat und nationalität des berichterstatters.

Wann zuerst ein französisches lied über den Langobardenkrieg gesungen worden, wissen wir nicht. Aber gewiss muss ein solches das älteste unter den gedichten des cyclus gewesen sein, nächst ihm das lied über die belagerung von Castelfort. Das erste gedicht behandelte in sagenhafter und dichterischer ausschmückung den anteil des Franken Autcharius an dem Langobardenkrieg und muss sich in seiner ältesten gestalt noch weit enger als jetzt an die geschichte angeschlossen haben, wie noch vereinzelte andeutungen im gedicht selbst beweisen. Das zweite gedicht stand der geschichte schon ferner: hier sind für den helden züge aus den schicksalen des Adelchis entlehnt, hier ist zu gunsten des helden die historische treue weit mehr vernachlässigt als dort. Beide gedichte aber stellten Ogier als das dar, was er in der geschichte gewesen war: als Franken und als widersacher Karls.

Neben dieser und unabhängig von dieser weltlichen, poetischen überlieferung bildete sich eine klösterliche tradition im Farokloster zu Meaux aus. Hier hat wahrscheinlich Autcharius, wie in einem anderen fränkischen kloster sein beschützer und leidensgefährte Desiderius, auf befehl des grossen kaisers das mönchshabit angezogen und so seine tage beschlossen. Das kloster aber, stolz, einen mann in seinen mauern als bruder beherbergt zu haben, der zu Karlsmanns ersten grossen gezählt hatte, hielt sein andenken wach, bildete eine förmliche legende von ihm aus, die in der ‚Conversio' ihren ausdruck fand, und baute zu seiner erinnerung — und nicht weniger zur erhöhung des klösterlichen renommées — ein prächtiges grabmal. In der späteren dichtung ist der einfluss der klostertradition nicht zu verkennen.

Vielleicht hängt mit ihr schon die entstehung jenes liedes zusammen, welches den tod von Ogiers sohn beim schachspiel erzählte, wofern man aus dem zusammenhang, in welchem das lied in den Tegernseer überlieferungen verwendet wird, einen analogieschluss auf das französische original machen darf. Dieses selbst steht nicht mehr auf historischem boden: es ist eine dichterische erfindung oder vielleicht ein altes motiv aus dem sagenschatze des volks.

Einen neuen, folgenreichen schritt tat im 11. jahrhundert der dichter, welcher nach dem vorbilde der Enfances Roland (Aspremont) die Enfances Ogier verfasste. Er machte aus Ogier einen jugendlichen Sarracenenbesieger im dienste Karls des Grossen; er erfand aus poetisch-technischen rücksichten auf die situation des helden, welche er dem gedichte von Aspremont nachahmte — die geiselschaft und damit die dänische herkunft Ogiers.

In dieser neuen gestalt gewann Ogier grosse beliebtheit und wurde so in zahlreiche fremde epen übergeführt. So entsteht ausserhalb des eigentlichen cyclus eine ganz neue und selbständige tradition über Ogier, die mit seinem ursprünglichen wesen nichts zu tun hat. Er kämpft jetzt mit bei Roncesval, fährt mit Karl nach Jerusalem, begleitet ihn auf allen seinen heerfahrten — selbst in der überlieferten form der Chanson d'Aspremont findet er seine stelle.

Aber auch die selbständige dichtung von Ogier wird durch diese neue erfindung beeinflusst. Die vorstellung von Ogiers dänischer herkunft dringt allmählich auch hier ein. Und ein neues gedicht, welches der verfasser aus allerlei quellen zusammendichtete, basiert ganz und gar auf der durch die Enfances hervorgebrachten neuen anschauung von Ogier als paladin Karls und Sarracenenbesieger.

Unter den quellen, welche dieser dichter benutzte, war vermutlich schon ein selbständiges lied, welches in anlehnung an Ogiers mönchtum in Meaux mit benutzung fremder motive Ogiers 'Moniage' behandelte. Die zusammengehörigkeit des Faronischen Otger mit dem Ogier der dichtung tritt hier deutlich hervor.

Wir können nicht wissen, ob das alle älteren chansons sind, welche Ogier zum gegenstande hatten. Wie anderwärts mag uns auch hier manches verloren sein. In dem krieg gegen den könig von Libyen, welchen die Karlskronike auf die schlacht von Roncesval folgen lässt, tötet Ogier den feindlichen könig Gealwer: vielleicht war er der hauptheld des liedes, welches jenem bericht zu grunde gelegen hat.

Diese gedichte sind, wie schon die beständige weiterentwicklung des stoffs in ihnen zeigt, zu verschiedenen zeiten entstanden. Je älter ein solches lied war, desto mehr metamorphosen hat es durchlebt, desto unursprünglicher ist die verkleidung, in der wir es besitzen. Denn der überarbeiter begnügte sich nicht mit der modernisierung der form, welche den nächsten anlass zur neubearbeitung bot; er erweiterte und veränderte vielfach auch den inhalt, so dass manches gedicht in seiner jetzigen gestalt das doppelte und mehrfache seines alten umfangs haben mag. Ausbeutung und widerholung der im gedicht selbst vorhandenen motive, nachbildung fremder muster, directe entlehnung aus anderen chansons, schliesslich die eigene erfindung waren die mittel, mit welchen die nachdichter arbeiteten.

Dazu kam die mehr und mehr sich ausbildende neigung zur cyclischen darstellung. Man formte mehrere der vorhandenen gedichte, welche eine innere beziehung leichter herstellen liessen, zu einem grösseren ganzen zusammen, auch hier wider umdichtend und hinzufügend. So sind vermutlich schon vor der Chevalerie Ogier die beiden ältesten gedichte, welche sich durch den gleichen schauplatz und die ähnliche rolle des helden nahe standen, untereinander verbunden und mit dem lied von Banduinets tod verknüpft worden, das durch diese neue verbindung viel vom alten inhalt eingebüsst haben mag. Anders widerum hat die franco-italische version oder ihre vorlage Banduinets tod mit Ogiers Sachsenkrieg verbunden. Schliesslich vereinigte ein gesamtredactor die verschiedenen kleineren redactionen zu dem musivischen gefüge der Chevalerie Ogier, nicht ohne neue zusätze und änderungen, um möglichst die übergänge zwischen den einzelnen bestandteilen zu glätten und dem ganzen, soweit dies überhaupt angängig, ein einheitliches gepräge aufzudrücken. Wenn hier die Durhamer handschrift

als verfasser Raimbert nennt, so kann nur der redactor gemeint
sein — vielleicht aber nicht einmal der redactor des archety-
pon der Chevalerie, sondern vermutlich nur der eben jener
handschrift, welche gegenüber den übrigen nicht bloss formelle
abweichung zeigt.

Neben dieser gesamtredaction, welche uns im französischen
allein erhalten ist, bestanden die älteren gedichte zunächst noch
fort. Das zeigen uns die fremden bearbeitungen, welche aus-
nahmslos nicht auf die Chevalerie zurückgehn, sondern nur
einzelne gedichte des sagenkreises behandeln.

In Deutschland hatte die Otgersage schon im 9. jahrhundert autochthone blüten getrieben, wie schon oben erwähnt
worden. Jetzt ward sie von neuem nach Deutschland verpflanzt: Metellus von Tegernsee hat ein französisches lied von
Balduins tod gekannt und benutzt.

Auch in den nahen Niederlanden mag die dichtung von
Ogier damals schon gepflegt worden sein; was uns aber erhalten
ist, stammt aus späterer zeit und geht nicht auf die alten
lieder zurück.

Hingegen hat uns die scandinavische literatur den inhalt
zweier gedichte, von Ogiers jugendtaten und von seinem Sachsenkrieg, aufbewahrt. Aus der Karlamagnússaga gelangten diese,
vermutlich über Schweden, nach Dänemark, und hier hat die
sage eine neue stätte gefunden. Es konnte nicht fehlen, dass
sich das dänische nationalgefühl an dem Dänen Ogier begeisterte.
Sein kampf mit Brunamont gab den stoff zu einem volkslied,
in einem späteren lied tritt er schon als repräsentant des
Dänentums gegen den deutschen könig Dietrich von Bern auf,
und in verschiedenen anderen gedichten zählt er völlig als
dänischer kämpe. Er galt fortan als dänischer nationalheld,
und so wurde auf ihn die uralte volkssage übertragen von
dem könig, welcher verborgen in einem berg schläft, um zur
stunde der not sein volk von den bedrängern zu befreien.

Aber auch die romanischen literaturen nahmen ihren
anteil an der Ogierdichtung. ,Uggeri il Danese' ist in der
altitalienischen literatur kein unbekannter. Eine franco-italie-

nische dichtung erzählt Ogiers Enfances, Bauduinets tod, den Sachsenkrieg. Manches alte ist verwischt, manches neue hinzugefügt, wie die ganz neue episode von der einnahme von Marmora: die dichtung hat unbewusst so den scherz gemacht, Uggeri gerade die stadt erobern zu lassen, bei welcher er als Autcharius so wenig lorbeern geerntet.

Noch mehr und noch willkürlicher fortgebildet erscheint die sage in den toskanischen bearbeitungen, welche jedoch die Enfances nicht behandeln. Wahrscheinlich erst von Toskana aus ist die sage nach Spanien gebracht und hier in romanzen bearbeitet worden. Ogier heisst hier Urgel und ist marquis von Mantua. Valdovino heisst zwar ‚hijo del rey de Dacia', aber darunter ist nicht mehr Ogier selbst verstanden, welcher vielmehr als Valdovinos Onkel gilt. Auf zusammenhang mit der toskanischen überlieferung weisen einzelheiten, wie dass bei Valdovinos tod das schachspiel gänzlich fehlt, dass seine mutter Ermelina heisst, ein name, der weder der fr.-it. version noch den franz. gedichten bekannt ist. Characteristisch für die spanischen romanzen sind einige neuerungen: Valdovino hat eine gemahlin Sevilla — vermischung mit dem Balduin des Sachsenkrieges gegen Wittekind — und um dieser frau willen erschlägt Carloto den Valdovino. Aus den spanischen romanzen hat schliesslich Lope de Vega seinen ‚Marques de Mantua' geschöpft.

So weit reichen die verzweigungen der alten sage, die nachbildungen der älteren chansons, welche zu ehren Ogiers gesungen worden sind und die den gegenstand der vorausgehenden untersuchung gebildet haben. Von hier an beginnt nun eine ganz neue entwicklung. Ich denke dabei nicht an die neubearbeitungen, welche dichter wie Adenet in selbständigen werken unternahmen, oder compilatoren wie Girard d'Amiens und David Aubert in ihre umfangreichen werke einfügten. Bemerkenswerter ist es, dass jetzt im anschluss an den helden vollständig neue dichtungen entstehn: so wird dem vater desselben ein epos gewidmet, um die genealogie nach oben zu ergänzen, und später — schon unter einfluss der jüngeren

entwicklung — erzählt der roman von Meurvin die erlebnisse
seines sohnes. Weitaus am wichtigsten ist aber die umgestal-
tung, welche die sage durch einfluss der Artusdichtung erfuhr.
Schon an Ogiers wiege erscheinen jetzt feen, ihm ihre wünsche
für sein heldenleben mitzugeben, und von ihnen greift die fee
Morgue tief in seine geschicke ein. Neue abenteuer, kämpfe
und fahrten im Orient werden den alten kämpfen hinzugefügt.
In dieser neuen gestalt zeigen die jüngeren gedichte den helden, so kennt ihn der prosaroman und so geht er schliesslich
in die modernen bearbeitungen über.

Auch das ausland nimmt seinen anteil an der neuen
entwicklung. Die Niederlande bemächtigen sich jetzt in aus-
giebiger weise des stoffes, ähnlich wie in Rheims heftet sich
in Lüttich die localsage an Ogier. Zum zweitenmal gelangt
unser held nach dem nordischen land, das ihn schon früher
gastlich aufgenommen, nach Dänemark, um jetzt hier völlig
heimisch zu werden und bis in die neueste zeit den dänischen
dichtern einen beliebten stoff zu bieten. Und widerum aus
dänischen und niederländischen werken, nicht minder wie aus
französischen, ist die neue sage auf dem wege der übersetzung
widerholt nach Deutschland gewandert, wo heute Holger Danske
aus Andersens märchen eine bekannte figur ist.

Wir sehen, welch ein umfangreiches gebiet der untersuchung noch vorenthalten blieb, welches zu durchforschen
kaum minder interessant ist. Sucht uns das studium der älteren denkmäler über die herkunft der sage und ihre früheste
entwicklung aufzuklären, so giebt uns erst die betrachtung
auch der neueren zeit ein vollständiges bild von werden und
wachsen, wandel und wanderungen einer sage durch zeiten
und völker.

Inhalt.

—

www.ingramcontent.com/pod-product-compliance
Lightning Source LLC
Chambersburg PA
CBHW020755020726
47495CB00008B/2433